AF501393

FACULTÉ DE DROIT DE PARIS

DU

NOM COMMERCIAL

EN

DROIT FRANÇAIS

THÈSE POUR LE DOCTORAT

L'acte public sur les matières ci-après sera présenté et soutenu le 31 Octobre, à 9 h. 1/2

PAR

Adrien KLOTZ

PRÉSIDENT : M. BEAUREGARD, Professeur.

SUFFRAGANTS : { MM. MASSIGLI, Professeur.
DESCHAMPS, Agrégé.

PARIS
CERF, IMPRIMEUR-ÉDITEUR
12, RUE SAINTE-ANNE, 12

1898

FACULTÉ DE DROIT DE PARIS

DU

NOM COMMERCIAL

EN

DROIT FRANÇAIS

THÈSE POUR LE DOCTORAT

L'acte public sur les matières ci-après sera présenté et soutenu le 31 Octobre, à 9 h. 1/2

PAR

Adrien KLOTZ

PRÉSIDENT : M. BEAUREGARD, Professeur.

SUFFRAGANTS : { MM. MASSIGLI, Professeur.
DESCHAMPS, Agrégé.

PARIS
CERF, IMPRIMEUR-ÉDITEUR
12, RUE SAINTE-ANNE, 12

1898

THÈSE

POUR

LE DOCTORAT

La Faculté n'entend donner aucune approbation ni improbation aux opinions émises dans les thèses; ces opinions doivent être considérées comme propres à leurs auteurs.

FACULTÉ DE DROIT DE PARIS

DU

NOM COMMERCIAL

EN

DROIT FRANÇAIS

THÈSE POUR LE DOCTORAT

L'acte public sur les matières ci-après sera présenté et soutenu le 31 Octobre, à 9 h. 1/2

PAR

Adrien KLOTZ

Président : M. BEAUREGARD, Professeur,

Suffragants : { MM. MASSIGLI, Professeur.
DESCHAMPS, Agrégé.

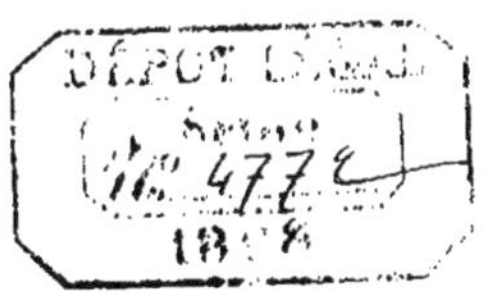

PARIS
CERF, IMPRIMEUR-ÉDITEUR
12, RUE SAINTE-ANNE, 12

1898

DU

NOM COMMERCIAL

EN

DROIT FRANÇAIS

AVANT-PROPOS

I. — Les progrès réalisés par l'industrie, l'extension prise par le commerce depuis le commencement de ce siècle ont fait éclore une branche spéciale du droit commercial appelée *propriété industrielle;* elle a trait aux brevets d'invention, aux dessins et modèles, aux marques de fabrique et au nom commercial. L'exercice et la protection des droits qui s'y réfèrent font l'objet de dispositions de lois, toutes de date relativement récente; le nom commercial, objet du présent travail, est régi principalement par la loi du 28 juillet 1824.

L'objet de la protection légale dans ces divers cas, l'objet du droit protégé, n'est pas, comme cela arrive communément, une chose corporelle, mais bien une chose incorporelle. Spécialement quand il s'agit du nom commercial, ce que l'on protège c'est la réputation acquise par un fabricant grâce au soin avec lequel il fabrique ses produits, — par un commerçant, qui sert uniquement d'intermédiaire entre les producteurs et les consommateurs, grâce au soin avec lequel il choisit les produits de son commerce et les revend sans altération à sa clientèle. Il y a là un bien, rentrant dans le patrimoine et — quelle que soit l'opinion que l'on adopte sur la nature du droit au nom commercial — qui s'impose au respect de tous.

TITRE PREMIER

NOTIONS PRÉLIMINAIRES

SECTION PREMIÈRE

Généralités

2. — Tout individu a un *nom* qui sert à distinguer sa personnalité de celles des autres. Ce nom lui est *imposé* dans un intérêt d'ordre social.

Il est tout naturel que, dans ces conditions, on reconnaisse à celui qui porte un nom le droit d'en tirer tous les avantages et toutes les prérogatives qu'on peut y attacher. En résulte-t-il que chaque individu soit propriétaire de son nom? L'affirmative, souvent proclamée (1), n'est pourtant pas universellement acceptée. M. Lallier, notamment, dans son traité *De la propriété des noms et des titres,* n. 3, pense que « le

(1) V. Paris, 4 décembre 1863, sous Cass., 14 mars 1865 (S. 1866. 1. 435); Trib. de la Seine, 15 février 1882 et 30 mars 1882 (S. 1884. 2. 21).

» nom n'est pas susceptible de propriété, parce qu'il » n'est pas un bien » (1). D'autre part, dans une note publiée dans le recueil Sirey, 1884. 2. 21, M. Labbé démontre « que les règles de la législation s'expliquent » très bien par la considération du but des dénomina- » tions individuelles, sans qu'il soit nécessaire de » faire intervenir le principe de la propriété ».

Quoi qu'il en soit de cette idée de propriété, il est unanimement admis que le nom, « s'identifiant avec l'in- » dividu, dont il résume la personnalité » (2), doit être protégé contre toutes les atteintes, et notamment contre celles qui pourraient se traduire par un dommage matériel causé au patrimoine.

3. — Au point de vue commercial la question se présente avec un tout autre caractère. Cela ne veut pas dire que le nom patronymique d'un commerçant soit régi par des règles différentes de celles qui régissent les noms des non commerçants ; nous voulons dire que le *nom commercial* est régi par des principes qui n'ont pas la même base ni le même caractère que ceux qui régissent le nom des personnes.

Le nom commercial, dit M. Pouillet (3) est une enseigne ; M. Calmels (4) le qualifie de « signe de rallie-

(1) V. dans le même sens M. Humblet, *Traité des noms, etc.*, n. 224.

(2) Pouillet, *Tr. des marques de fabrique et de la concurrence déloyale*, n. 375.

(3) *Op. et loc. cit.*

(4) *Des noms et des marques*, n. 114.

» ment de la clientèle, le thermomètre du crédit d'un » commerçant ». Dans ses conclusions à l'occasion d'un arrêt rendu par la Cour de Paris le 18 juillet 1861 (1), M. l'avocat général Pinart a donné du nom commercial la définition suivante : « l'emblème d'un » commerce, le signe d'un magasin, le surnom tradi- » tionnel d'une maison connue ». On pourrait dire plus exactement que le nom commercial est la désignation par laquelle un établissement commercial se distingue des autres.

Cette désignation peut s'appliquer à la maison ou au fonds de commerce; mais elle peut s'appliquer aussi à un produit déterminé.

A ce point de vue, l'objet de la protection, c'est la réputation acquise par un fabricant ou un commerçant à raison des qualités des marchandises auxquelles il a attaché son nom. Le nom commercial devient ainsi, en quelque sorte, la marque de ces marchandises, et c'est ce qui fait que parfois on le désigne par l'expression de *marque nominale.*

4. — Dans notre législation actuelle, la loi qui protège le nom commercial est celle du 28 juillet 1824, *relative aux altérations ou suppositions de noms sur les produits fabriqués.* L'article 1er (qui en somme est toute la loi) est ainsi conçu : « Quiconque aura, soit apposé, soit fait apparaître, par addition, retranche-

(1) Sirey, 1861, 2. 540.

ment, ou par une altération quelconque, sur des objets fabriqués, le nom d'un fabricant autre que celui qui en est l'auteur, ou la raison commerciale d'une fabrique autre que celle où les dits objets auront été fabriqués, ou enfin le nom d'un lieu autre que celui de la fabrication, sera puni des peines portées en l'art. 423 du Code pénal, sans préjudice des dommages-intérêts, s'il y a lieu. — Tout marchand, commissionnaire ou débitant quelconque sera passible des effets de la poursuite, lorsqu'il aura sciemment exposé en vente ou mis en circulation des objets marqués de noms supposés ou altérés. »

Cette loi semble au premier abord ne protéger que le consommateur contre la tromperie sur la qualité de la marchandise vendue ; le renvoi à l'art. 423 du Code pénal peut le faire induire. Mais il est certain que cette loi protège aussi le producteur, le fabricant ; celui-ci a donc très certainement le droit d'agir en justice toutes les fois qu'on commet à son préjudice un des faits prévus et punis par le texte ci-dessus de la loi de 1824. Ce n'est pas à dire que la protection du nom commercial soit cantonnée dans le texte étroit de cette loi ; ainsi que nous le verrons plus loin, le nom commercial est l'objet d'un véritable droit de propriété et, à ce titre, il bénéficie de toutes les protections que le droit, dont il est l'objet, comporte. Notamment, toute atteinte, sans droit, qui n'étant pas délictuelle et ne tombant pas, par conséquent, sous le coup de la loi de

1824, n'est pas pour cela permise; seulement cette atteinte sans droit rentrera, quant à sa sanction, dans la théorie générale des articles 1382 et 1383 du Code Civil.

SECTION DEUXIÈME

Historique

5. — La conception que nous avons du nom commercial et du droit dont il est l'objet, est toute moderne. Ni le droit romain, ni notre ancien droit n'ont envisagé à ce point de vue la protection de la réputation acquise par un commerçant ou un fabricant. Ce n'est pas à dire que ces questions n'aient pas été envisagées, mais, soit dans le droit romain, soit dans notre ancienne France, la protection accordée n'avait pas toujours le caractère d'un droit pour le fabricant ou pour le commerçant.

6. — Chez les Romains, certaines villes avaient acquis nue réputation pour la fabrication ou la production de certaines denrées ou marchandises : ainsi, en Italie, les vins de Setia, de Falerne, de Sorrente, — la pourpre, les tissus de lin, les tapis et les robes de Tyr, etc., avaient acquis une grande réputation. Le nom du lieu de la production servait évidemment à indiquer la provenance du produit, mais il révélait aussi les qualités particulières que l'on y recherchait; ces qualités étaient inhérentes à la production et à la fabri-

cation de ces lieux réputés. Et alors, quand un Romain promettait à un autre de lui livrer de la pourpre de Tyr ou une robe garnie de cette poupre, il ne pouvait se libérer en donnant une pourpre d'une autre provenance : ce n'était plus ce qu'il avait promis, c'était autre chose ; si, par une manœuvre frauduleuse quelconque, il avait réussi à tromper son cocontractant sur le lieu de provenance de l'objet promis ou livré, il y avait là tout simplement une tromperie sur la nature et les qualités de l'objet, réprimée d'après les principes généraux du droit.

7. — Dans l'ancien droit français, le point de vue est le même. Le législateur a surtout pour but de prévenir les fraudes consistant dans la tromperie sur la qualité de la marchandise vendue ; la réglementation intervient aussi pour protéger la production de telle ou telle corporation. Grâce à la visite, destinée à vérifier la qualité de la marchandise (visite qui était confiée tantôt aux jurés des corporations, tantôt à des prud'hommes électifs ou nommés par le prévôt, tantôt à des inspecteurs contrôleurs), les corporations de certaines villes réputées par leurs produits, pouvaient empêcher que des fraudes fussent commises à leur préjudice par la vente de marchandises dont les lieux de fabrication auraient été faussement désignés (1).

Parmi les marchandises qui ont fait l'objet de nom-

(1) V. notamment l'ordonnance du 30 janvier 1350 du roi Jean, concernant *la police du royaume*.

breuses réglementations de cette nature, il faut citer les draps et les toiles ; les principales fabriques de drap étaient à Paris, Rouen, Amiens, Tournay, Reims, Châlons, Beauvais, Louviers, Marvejols, etc. ; chacune de ces villes avait ses procédés spéciaux, ce qui a eu pour conséquence de désigner chaque espèce de drap par le nom du lieu de la fabrication.

Rappelons, en passant et sans y insister autrement, que ces droits de visite et de vérification, accordés aux corporations, étaient devenus une source d'abus, et portèrent le plus grand préjudice au commerce et à l'industrie, qu'ils immobilisaient.

8. — Il résulte de ce que nous venons de voir que la protection légale n'était pas accordée à la production individuelle, mais bien à la production collective des corporations. Le nom individuel du producteur n'était pas pris en considération. Observons cependant que cette réglementation, qui avait pour objet la protection du nom du lieu de la fabrication, attribuait en même temps une marque spéciale à chaque centre de production. Or, certains règlements *imposaient*, à titre de marque de fabrique, l'indication du nom du fabricant sur le produit fabriqué (1). Mais il est à peine besoin de faire remarquer qu'il n'y avait pas là une protection spéciale du nom lui-même, mais bien la

(1) V. notamment un arrêt du Conseil de 1693, portant que les manufacturiers en drap seront tenus de mettre leurs noms sur chaque pièce sur le métier.

reproduction de la même idée : répression de la tromperie sur la nature (et l'origine) de la marchandise vendue.

Ce n'est pas à dire que la protection du nom commercial, telle que nous la concevons aujourd'hui, comme résumant et exprimant en quelque sorte la personnalité commerciale, ait été absolument inconnue dans l'ancien droit ; mais on ne sera pas étonné de constater que cette nouvelle conception soit de date récente. Nous la trouvons, en effet, dans le préambule des lettres patentes du 5 mai 1779, se référant aux divers incidents créés par suite de la suppression des corporations par l'édit de février 1776, et leur rétablissement, avec modifications, par l'édit d'août 1776.

Pendant les six mois que vécut la liberté du commerce et de l'industrie, de nouveaux procédés de fabrication furent mis en pratique ; le rétablissement des corps et communautés n'a eu lieu que sous la réserve des droits ainsi acquis. Or, les anciennes communautés ayant repris leurs anciens statuts et leurs anciens procédés de fabrication, il y eut deux conditions différentes de travail : l'une se rapportant au travail fait en conformité des règles prescrites, l'autre en dehors de ces règles. Le premier travail était dit *réglé* ou *national*, l'autre *arbitraire*.

C'est à cette distinction que se réfère le passage du préambule des lettres patentes du 5 mai 1779 qui nous intéresse :

« ..... Nous avons cru juste et utile à l'Etat d'ac-
» corder à tous les fabricants la liberté absolue de
» faire telle étoffe nouvelle ou différente qu'ils juge-
» ront à propos, pourvu qu'ils n'y mettent jamais le
» nom, ni les marques d'une étoffe connue et réglée,
» afin que les acheteurs soient alors instruits d'un
» coup d'œil que, pour ce genre d'étoffe, ils n'ont
» d'autre caution de la fabrication que leur propre
» examen, et la confiance que peut mériter le fabri-
» cant ou le marchand auquel ils s'adressent; afin
» cependant que ces mêmes étoffes puissent circuler
» librement dans le royaume, elles seront également
» revêtues d'un plomb, mais distinct de celui assigné
» aux étoffes réglées.

» Nous approuvons de plus que, lorsqu'une étoffe
» nouvelle aura obtenu, par le temps et par le goût
» général des consommateurs, une vogue et un nom
» particulier, les chefs de communautés puissent, de
» concert avec l'inventeur, demander la permission
» d'en fixer la bonne fabrication en joignant ces
» étoffes à la liste de celles dont la composition serait
» réglée.....

» Nous avons cru aussi devoir accorder une distinc-
» tion honorable à ceux d'entre les fabricants qui, atta-
» chés par un esprit sage à leur profession, auraient
» perpétué dans leur famille un ancien établissement
» et une bonne réputation ; c'est pourquoi nous vou-
» lons que ceux d'entre les manufacturiers dont le

» nom serait connu depuis soixante ans dans la même » fabrique puissent, en l'inscrivant sur leurs étoffes, » être dispensés de les soumettre à l'examen des » gardes-jurés ; de manière que le nom d'une manu- » facture ancienne et renommée devienne un sceau » suffisant de la régularité de la fabrication, à la » charge toutefois de perdre cet avantage, si l'on abu- » sait jamais d'une confiance aussi distinguée..... »

Plusieurs ordonnances royales anciennes avaient, elles aussi, imposé à divers ordres de marchands l'obligation de faire enregistrer leurs noms (1), mais c'étaient là plutôt des mesures de police n'ayant aucun rapport avec la protection du nom.

9. — Nous avons vu plus haut que certains règlements anciens imposaient aux fabricants des marques de fabrique, dans lesquelles se trouvait l'indication du nom du fabricant. Il y avait donc, bien que l'individu fût absorbé par la corporation, une distinction entre les divers établissements de même espèce ; chaque maison, en dehors du nom, avait sa marque, son sceau (2). A raison des privilèges s'attachant à chaque marque, et qui ont pu être concédés par l'autorité royale (exactement comme on concédait des privilèges et

(1) V. notamment art. 422 de l'ordonnance de 1629, appelée *Code Michaud.*

(2) Comp. les *lettres* qui confirmaient les statuts des ouvriers de draps d'or et d'argent de la ville de Lyon, d'avril 1554 ; l'édit de Rouen, du 7 janvier 1597, art. 9. *adde* édit du 26 mars 1555 art. 8, punissant d'une façon générale et non pas spécialement pour le commerce, la *supposition de nom* des peines du faux.

exemptions à certaines familles nobles, lesquelles se distinguaient entre elles par leurs armes), il s'est établi, à cet égard, un droit héréditaire, ou, en général, un *droit de transmission* de la *maison*. L'établissement commercial survivait ainsi à celui qui l'avait créé, et le successeur devenait propriétaire des différentes désignations qui servaient à le particulariser. Cette conception de la *maison*, grâce à la marque, n'est autre chose que le nom commercial, et nous la voyons apparaître à l'époque du droit intermédiaire, dans un arrêt, du Tribunal d'appel de Paris, du 29 thermidor an IX (1) et tout particulièrement dans les conclusions du Commissaire du Gouvernement, Try : « Dans cette cause, » a-t-il dit, il ne s'agit pas de savoir si Mme Derosne » a droit de porter le nom de Cadet, et de quelle manière elle peut soutenir les obligations que ce nom » impose, car elle ne le porte point ni ne demande à » le porter..... Il s'agit de savoir si Mme Derosne a » droit de se dire successeur du citoyen Cadet; si la » vente du fonds de commerce consentie par le citoyen » Cadet au profit du citoyen Derosne, son collaborateur, » est un titre d'où dérive, pour l'acquéreur et ses ayants » cause, le droit de se dire successeur. Qu'est-ce que » se dire successeur ?..... N'est-ce pas la simple déclaration que le fonds de commerce, exploité précédemment par le vendeur, l'est maintenant par l'acquéreur, et que l'on trouvera dans la personne qui

(1) Sirey, chr., à sa date.

» succède, même loyauté, mêmes talents, même exac-
» titude ? »

Néanmoins la réglementation légale ne s'applique pas au nom. Chaque maison de commerce a le droit de choisir une marque, dans laquelle elle peut faire figurer son nom, marque qui est protégée contre toute atteinte, mais on n'acquiert ce droit que si la marque est *déposée* (1).

10. — Sous le premier empire, un décret du 21 septembre 1807 réglemente la fabrication des draps destinés au commerce du Levant ; le titre premier de ce décret est relatif à *l'estampille impériale et aux conditions auxquelles les draps destinés pour le Levant seront assujettis pour en être revêtus.*

Et comme sanction, nous avons l'art. 142 C. Pén. (promulgué le 26 février 1810), qui punit la contrefaçon de la marque des peines du faux.

Constatons encore une fois que le nom en lui-même n'est pas protégé. Tout au plus pouvons-nous relever l'art. 405 C. Pén. qui punit l'escroquerie commise « en faisant usage de faux noms..... » ; mais ce n'est pas là quelque chose de spécial au nom commercial.

Les lois et règlements, à cette époque, en protégeant le nom, tendaient surtout à réprimer *la fraude sur la fabrication;* la protection s'adressait au public, à l'acheteur et non pas au fabricant. Citons à titre

(1) V. notamment arrêté des Consuls du 23 nivôse an IX, *Adde* loi des 22 germinal et 2 floréal an XI.

d'exemple les décrets des 1er avril, 18 septembre 1811 et 22 décembre 1822, relatifs à la fabrication des savons.

11. — « Ce que ne fit pas la loi, lisons-nous dans un » savant rapport de M. Dietz-Monnin (1), la pratique, » c'est-à-dire le libre exercice du commerce et la libre » concurrence dans ce temps, devait l'imposer et trou- » ver son expression dans la jurisprudence, s'appuyant » sur les principes d'égalité formulés par les art. 1382 » et 1383 du Code Civil. Celle-ci proclame la propriété » du nom commercial, expression de la personnalité » du commerce ou de l'industrie exercé par un indi- » vidu, et pouvant survivre à celui-ci, à raison de la » tradition et du crédit qui, en constituant un des » principaux éléments de ce commerce ou de cette in- » dustrie, en font un bien réel, ayant une valeur ap- » préciable et capable de figurer dans un patrimoine. » Elle reconnut conséquemment la cessibilité de l'éta- » blissement et du nom commercial, sous lequel il » s'était révélé au public, tandis que le nom civil de- » meurait toujours plus une mesure d'ordre qu'une » propriété, et ne pouvait se transmettre que par la

(1) Rapport sur l'enquête administrative, autorisée par le Sénat dans sa séance du 23 mars 1888, et présenté à la commission sénatoriale chargée d'examiner la proposition de loi de MM. J. Bozérian, Dietz-Monnin, Arbel, Claude, Noblot, Dauphinot, Kiéner, George, Gailly, Viellard-Migeon, relative aux fraudes tendant à faire passer pour français des produits fabriqués à l'étranger ou en provenant. — Documents parlementaires du Sénat n° 8; session extraordinaire 1890 (annexe au procès-verbal de la séance du 11 novembre 1890).

» naissance ou par concession gouvernementale. C'est » dans ce sens que fut rendu l'arrêt du 29 thermidor » an IX ». (Arrêt de la Cour de Paris, que nous avons cité plus haut) (1).

On ne saurait mieux résumer l'évolution qui s'est opérée à cet égard jusqu'à la loi de 1824. Et s'il est incontestable que cette loi protège directement le nom commercial, il est aisé de constater à la simple lecture du texte que, dans la forme, les idées ne se sont pas encore complètement dégagées du moule ancien.

SECTION TROISIÈME

Nature du Droit au nom commercial

12. — Le nom commercial sera très souvent le nom ême du commerçant ou du fabricant; mais cela n'est pas indispensable. On peut choisir un nom de fantaisie ou imaginer une dénomination arbitraire ; c'est ce que la loi de 1824, article premier, appelle une raison commerciale et qu'elle assimile au nom commercial.

Cette désignation ou dénomination est, pour celui qui l'a choisie, l'objet d'un véritable droit de propriété. Il y a là une conception intellectuelle exactement analogue à la conception de l'invention ou à celle d'une œuvre quelconque, artistique ou littéraire, de l'esprit.

(1) V. dans ce rapport. p. 348. — V. également ce rapport *passim*.

Les principes généraux et les dispositions de lois qui régissent les noms des personnes ne s'appliquent pas au nom commercial. En effet, au point de vue du choix du nom, au point de vue des obligations imposées par la loi, au point de vue des droits de celui qui le porte, et notamment quant à la transmission, le nom commercial est régi par des principes absolument différents de ceux qui régissent les noms des personnes; la loi du 19 juin 1793 et l'arrêté du 6 fructidor an II ne s'appliquent pas au nom commercial, et, d'autre part, la loi du 28 juillet 1824 ne s'applique pas au nom des personnes.

La difficulté soulevée, et que nous avons mentionnée plus haut, sur la question de savoir si une personne est ou non propriétaire du nom qu'elle porte, est donc étrangère à notre sujet, en ce sens, qu'on peut décider que le nom commercial est l'objet d'un véritable droit de propriété, alors même qu'on serait tenté de dire que le nom, en général, n'est pas susceptible d'un droit de propriété.

Nous disons que le titulaire d'un nom commercial a un véritable droit de propriété (1). Cette proposition se justifie aisément: on n'a qu'à rappeler les principes. Le droit au nom commercial réunit en effet tous les caractères du droit de propriété, tels que les indique l'art. 544 du Code civil: le droit d'user, le droit de re-

(1) *Sic* Cass. 17 janvier 1894 (S. 1894. I. 433) et la note de M. Lyon-Caen.

cueillir les fruits et le droit d'en disposer. Ce sont là les caractères nécessaires et insuffisants aux termes de la loi; notre démonstration est donc complète.

13. — Aucun texte de loi ne décide, à la vérité, *in terminis* que le nom commercial est l'objet d'un droit de propriété ; mais cette notion a toujours été admise, au moins depuis la loi de 1821. A défaut d'un texte de loi, nous pouvons citer des documents législatifs et notamment les travaux préparatoires de la loi du 28 juillet 1824.

L'exposé des motifs de cette loi débute, en effet, ainsi : « La réputation des produits fabriqués est pour » le manufacturier une véritable propriété que la loi » garantit. Il est des villes de fabrique dont les pro- » duits ont aussi une réputation qu'on peut appeler col- » lective, et c'est encore une propriété. » — M. Lemoine des Mares, rapporteur de la loi à la Chambre des Députés, reproduit, dans son rapport, la même idée presque en termes identiques : « Si l'industrie contribue » à la richesse des Etats, elle contribue aussi à la for- » tune du manufacturier, et la réputation des objets » fabriqués est, pour lui, ainsi que l'a dit le Ministre de » l'Intérieur, une véritable propriété que la loi doit » garantir. Il est des villes de fabrique dont les pro- » duits ont aussi une réputation qu'on peut appeler col- » lective, et c'est encore une propriété. » — Même idée dans l'exposé des motifs à la Chambre des Pairs : « La » réputation d'un manufacturier est, pour le fabricant,

» une propriété à laquelle il tient justement, et que la
» législation a non moins fortement protégée. » —
Enfin, M. le comte Chaptal, dans son rapport à la Chambre des Pairs, est encore plus explicite. Il commence par annoncer que la loi proposée édicte contre les fraudeurs l'amende et la prison, puis il continue : « Ces dispositions sont justes, elles sont néces-
» saires. Elles sont justes en ce qu'elles donnent une
» garantie à la propriété industrielle. Je dis : propriété,
» et en est-il de plus sacrée que le nom d'un fabricant
» qui, par un travail assidu, une conduite sans tache
» et des découvertes utiles, s'est placé honorablement
» parmi les bienfaiteurs de son pays et les créateurs
de son industrie ? S'il est glorieux de porter des noms
» illustres dans la carrière des armes, de la magistra-
» ture, de l'administration, il est pareillement hono-
» rable de consacrer le sien par de grands services
» rendus à l'industrie, une des principales sources de
» la richesse et de la prospérité d'un Etat..... » Et plus loin : « Le nom d'un fabricant devenu célèbre par la
» supériorité constante de ses produits, la fidélité et la
» bonne foi dans ses relations commerciales, de même
» que celui d'une ville qui a créé un genre d'industrie
» connu et réputé dans toutes les parties du monde,
» sont donc plus qu'une propriété privée ; ils forment
» une propriété publique et nationale..... »

Telle est la consécration législative.

La jurisprudence, ainsi que nous l'avons indiqué plus

haut, admet que le nom, en général, est l'objet d'un véritable droit de propriété; il est évident que, dans ces conditions, elle admet sans difficulté, et même par voie de conséquence, que le nom commercial est, lui aussi, l'objet d'un droit de propriété proprement dit (1).

14. — Cette manière de voir est pourtant loin de réunir tous les suffrages. Divers jurisconsultes n'admettent pas qu'on puisse trouver dans le droit du titulaire d'un nom commercial les caractères du droit de propriété (2). Il importe de voir ce que valent ces résistances.

1° On a dit que le droit au nom commercial n'est pas *absolu*, en ce sens que, si un commerçant peut, en cédant son fonds de commerce, céder son nom, il ne peut cependant pas céder ce nom *tout seul*. Il semble par conséquent que le droit de propriété soit ici privé du *jus abutendi*, ce qui le dénature complètement.

Observons tout d'abord que cette objection ne se réfère qu'au cas où le nom commercial est le nom patronymique du commerçant; elle n'a donc aucune valeur dans tous les autres cas. Mais, même dans ce cas, l'objection ne porte pas. Il suffit, en effet, de faire remarquer et de rappeler ce qu'est dans ce cas le nom commercial. Ce n'est pas une chose (qu'on nous passe

(1) *Sic* Cassation, 17 janvier 1894. Sirey, 1894, I. 433.
(2) V. Maunoury, *Nom Commercial*, n° 2.

l'expression), indépendante et individuelle, c'est un accessoire inséparable d'un principal qui est *l'établissement commercial*. Le nom commercial tout seul, indépendant du fonds ou de la maison de commerce, ou du produit, ne se conçoit pas, car ce nom ne sert, *n'existe* que pour individualiser l'établissement commercial ou le produit qu'il désigne. Cela étant, on voit de suite que ce qu'on a considéré, dans cette objection, comme un caractère du *droit* au nom, n'est autre chos qu'un caractère du nom lui-même, c'est-à-dire de la *chose*, objet du droit.

Cette première objection doit donc être écartée.

2° On a encore objecté que le droit au nom n'est pas comme tout droit de propriété, *perpétuel;* il disparaî si le fonds de commerce ou le produit auquel il est attaché, disparaît.

Cette objection n'infirme pas notre thèse. De ce que le nom commercial se perd, dans certains cas, et entraîne ainsi l'extinction du droit de propriété dont il est l'objet, il ne s'ensuit pas, qu'il n'y ait pas là un droit de propriété véritable. Une maison qu'on a fait bâtir n'est pas non plus perpétuelle ; elle peut être détruite. Est-ce à dire qu'on ne peut pas être propriétaire d'une maison ou que la propriété n'est pas perpétuelle ?

3° On objecte enfin que le droit au nom n'est pas *exclusif*. En effet, il peut arriver que plusieurs commerçants aient le même nom et exercent aussi des commerces similaires sans qu'aucun puisse prétendre à l'encontre des autres à un droit privatif; et il en est de même pour la raison commerciale, qui, ainsi que nous l'avons vu plus haut, est aussi un nom commercial.

Cette objection ne porte pas plus que les précédentes. Le nom commercial est une désignation servant à individualiser un établissement commercial, afin qu'on le distingue des autres. Le nom commercial représente la notion de cette *individualisation*, et c'est là l'objet du droit de propriété. Dans ces conditions, on le voit, cette objection, comme les précédentes s'adresse, non pas au droit de propriété dans sa nature intrinsèque, mais bien à la chose, *objet* du droit de propriété.

Tout ce qu'on peut déduire des trois objections réunies, c'est que nous nous trouvons en présence d'une chose, d'un objet *sui generis*, qui, étant immatériel, incorporel, n'a pas les mêmes caractères que les choses corporelles, objets habituels du droit de propriété; nous ne faisons aucune difficulté pour l'admettre. Mais nous nous élevons contre la continuation de la confusion du *droit* de propriété et de son *objet*, cette confusion, qui nous vient du droit romain, n'est pas pour cela plus admissible.

TITRE DEUXIÈME

DIVERSES VARIÉTÉS DU NOM COMMERCIAL

SECTION PREMIÈRE

Nom des Personnes

CHAPITRE Ier

NOM PATRONYMIQUE

---

§ 1. — *Usage de son propre nom.*

15. — Un commerçant vend ou fabrique sous son nom ; sa maison ou son fonds sont désignés par le nom qu'il porte. Il peut incontestablement désigner sa maison par son nom patronymique. Ce nom sera protégé contre toute atteinte. Il ne saurait y avoir aucun doute sur ce point.

Et, ce que nous disons du nom d'un individu, il faut le dire de la réunion des noms de plusieurs personnes, lorsque cette réunion de noms forme la raison sociale d'une société en nom collectif ou en commandite.

Si, au lieu d'une maison de commerce, nous supposons qu'il s'agit d'un produit déterminé auquel le fabricant ou l'inventeur a attaché son nom, la même solution doit être donnée (1).

16. — Le nom patronymique peut être commun à plusieurs individus : la question qui se pose alors est de savoir, si tous ceux qui portent le même nom patronymique peuvent en faire un nom commercial pour un établissement de commerce. En d'autres termes, le commerçant, qui fait le commerce sous son nom, a-t-il un droit exclusif à ce nom commercial, et peut-il, par conséquent, empêcher tout homonyme d'exercer le même commerce sous le même nom ?

Il y a un principe qu'on ne doit pas perdre de vue, c'est que le nom patronymique n'est pas choisi librement par la personne qui le porte, que ce nom lui est imposé par la loi, que ce nom sert à distinguer sa personnalité, et s'identifie avec elle (2). Or, la liberté complète du commerce et de l'industrie est, depuis la loi du 7 mars 1791, la base de notre droit moderne. Exercer le commerce ou l'industrie sous son véritable nom est une manifestation de cette liberté. Par conséquent, c'est porter atteinte à cette liberté fondamentale de notre droit que de défendre à quelqu'un d'user de son nom — alors que cet usage a lieu sans fraude — sous

(1) V. Paris, 3 août 1859 (Pataille 59. 366) pour l'eau de Botot; Cass. 15 avril 1878 et 14 mars 1881 (Sirey 1882. I. 8) Orléans, 4 août 1831 (Sirey 83. 2. 213) pour le vinaigre de Bully, etc., etc.

(2) *Sic*, Pouillet, *Tr. des marques*, n. 375.

le prétexte qu'un autre s'en est déjà servi. « Chacun » est libre propriétaire de son nom, dit M. Pouillet (1), » et maître d'en user comme il l'entend. Si donc, un » individu, portant le même nom qu'un négociant déjà » établi entre dans le même commerce et fonde sous son » propre nom une maison rivale, il use de son droit. On » ne peut lui retirer la faculté de porter ce nom, qui est » intimement lié à son individualité ; le nom constitue, » en effet, une propriété que rien ne peut détruire... » On porterait atteinte à la personnalité de cet individu » si on le privait du droit d'user de son nom. »

La jurisprudence n'a pas hésité à consacrer ce principe. C'est ainsi qu'il a été décidé par la Cour de Paris (2) que « les noms de famille et les prénoms qui » les précèdent constituent une propriété dont ceux à » qui ils sont attribués peuvent faire usage, notamment dans le commerce, où ils sont souvent une » cause importante de réputation et de crédit, pourvu » que cet usage ait lieu sans fraude et sans intention » déloyale de porter atteinte aux intérêts de ceux qui » en sont déjà en possession ; il suit de là qu'un fabricant ne peut interdire à un concurrent l'usage du » nom qu'il porte réellement, alors du moins que ce » dernier en use sans fraude et sans abus... (3). »

17. — Ce principe, qui est absolu, n'est pourtant pas

(1) *Tr. des marques et des noms*, n. 488.
(2) Paris, 28 mai 1853, Farina (Le Hir, 57. 2. 467).
(3) V. dans le même sens, Bordeaux, 28 janvier 1851, Castillon

inflexible. Supposons, en effet, deux concurrents portant les mêmes nom et prénoms, et exerçant le même commerce, de part et d'autre, d'ailleurs, de bonne foi; pourront-ils maintenir leur droit inflexible, sans admettre des concessions commandées par la nécessité? Car enfin, en cas de similitude absolue, la confusion est possible, et dans ces conditions, il en résultera nécessairement un dommage pour l'un des deux homonymes.

Nous tempérerons donc notre principe; et nous le ferons, appuyés sur deux règles de droit, déjà anciennes, mais toujours en vigueur. D'une part, nous invoquons la proclamation des droits de l'homme, aux termes de laquelle la liberté de chacun finit là où la liberté d'autrui commence; — et d'autre part, nous rappelons le principe déjà admis en droit romain, qu'il n'est permis à personne de s'enrichir injustement aux dépens d'autrui.

Ce tempérament du principe consistera dans des mesures prises pour éviter la confusion, et ces mesures consisteront dans des additions, plus ou moins caractéristiques, de nature à établir une distinction entre les deux maisons rivales. C'est ainsi que le Tribunal de Commerce de la Seine a décidé, le 16 juin 1857 (1), que

(Le Hir, 51. 2. 535); Paris, 31 décembre 1861, Arthur (Le Hir, 62. 2. 106); Bordeaux, 16 août 1865 (S. 1866. 2. 15); Paris, 6 avril 1897 (S. 1888. 2. 135); *Adde* Lyon, 8 janvier 1881 (S. 1883. 2. 80); Cass. 8 août 1892 (S. 1893. 1. 235).

(1) Affaire Chevet (Le Hir, 58.2.538) *Adde* trib. de Comm. de la Seine, 7 mai 1858 (Pataille 58.301).

« lorsqu'une confusion peut exister, à raison de la si- » militude du nom, entre deux établissements rivaux, » il appartient aux tribunaux de prendre toutes les » mesures nécessaires pour empêcher cette confusion, » encore qu'il ne serait justifié d'aucun acte de concur- » rence déloyale ».

Ces mesures à prendre pour éviter la confusion varient évidemment d'une espèce à une autre : tantôt elles consistent dans la nécessité de faire précéder le nom du prénom en toutes lettres et en caractères de même dimension (1), tantôt dans l'obligation de supprimer le prénom, si c'est de là que vient la confusion entre les deux concurrents (2); dans une espèce où il s'agissait d'un individu qui appartenait à une famille dont le nom était attaché à une maison de commerce connue, et qui venait de fonder une maison nouvelle, la Cour d'Aix a décidé que ce dernier serait obligé d'ajouter à son nom la qualification de *fils aîné de.....* (3).

18. — Supposons maintenant qu'au lieu d'une concurrence loyale et de bonne foi, il s'agisse d'une concurrence déloyale et frauduleuse.

(1) Paris, 28 juillet 1835 (Gaz. des Trib. du 29 juillet 1835); Trib. Civ. Seine, 9 février 1838 (Gaz. des Trib. du 10 février 1838); Cass. 2 janvier 1844 (S. 1844. 1. 363); Paris, 12 avril 1847 (Gaz. Trib. du 13 avril 1847); Bordeaux, 16 août 1865 (S. 18.66.2.15).

(2) Trib. Comm. Seine, 29 mars 1853 (Teulet et Camberlin 2.214).

(3) Aix, 8 janvier 1821 (S. chr., à sa date).

Il importe d'établir avant tout en quoi peut consister ici l'abus, la fraude.

Lorsqu'un individu exerce réellement, sous son nom, un commerce ou une industrie, il ne commet aucune fraude ni aucun abus, alors même qu'il s'établit avec l'intention manifeste de faire concurrence à un établissement plus ancien et renommé, *s'il prend d'ailleurs* (ainsi que nous l'avons exigé plus haut) *toutes les précautions nécessaires pour éviter une confusion entre les deux maisons rivales.* Celui qui agit ainsi ne fait qu'user du droit qu'a toute personne d'exercer sous son nom le commerce ou l'industrie qu'il lui plaît de choisir : *qui suo jure utitur neminem laedit.* Mais il y a fraude lorsque ces conditions ne sont pas réunies.

La fraude existe encore lorsque celui qui a donné son nom patronymique à l'établissement commercial n'exerce pas réellement le commerce; il s'agit alors d'un commerce exercé par une personne sous le nom d'une autre personne. En désignant un établissement commercial par le nom d'une personne qui n'exerce pas ce commerce en réalité, on essaie de faire croire que c'est cette personne qui l'exerce, et l'on affirme ainsi un mensonge; c'est ce mensonge qui constitue la fraude, car il induit le public en erreur. On peut, du reste, sans effort, appliquer à ce mensonge la définition que Labéon donnait de la fraude : *omnis calliditas, fallacia, machinatio ad circumveniendum, fallendum, decipiendum alterum adhibita* (L. I. § 2 in fine, Dig. *de dolo malo* liv. III, tit. 4). — Ce mensonge, cette fraude doit servir à usurper la réputation d'une maison en renom, le principe du libre exercice du commerce et de l'industrie n'est pas ici en jeu. « Pour s'emparer d'un » nom en faveur, dit M. Pouillet (1), on simule des » cessions, des mandats, des associations. Le proprié- » taire du nom n'est rien dans le commerce auquel il » prête l'usage de ce nom; il est, comme nous le di- » sions plus haut, le complice d'une fraude. Est-ce là » le cas de respecter cette propriété sainte, résultant » du seul hasard, antérieure et supérieure à toute vo- » lonté? S'agit-il de liberté d'industrie et de com- » merce? Porte-t-on atteinte au droit qu'a tout homme » de choisir une carrière? Non; il y a une fraude, et » c'est aux tribunaux qu'il appartient de la dé- » jouer..... »

En résumé, lorsqu'un individu exerce loyalement un commerce ou une industrie, il a le droit incontestable de désigner son établissement par son nom patronymique; en faisant ainsi concurrence à un établissement rival, il ne fait qu'user de son droit, et, tant qu'il est dans les limites légales de son droit, la concurrence est loyale. Mais celui qui attache son nom patronymique à un établissement commercial, sans exercer le commerce ou l'industrie dont il s'agit, lorsque, pour faire croire, qu'il exerce réellement ce commerce ou cette industrie, *il simule* une cession, un mandat, une

(1) *Tr. des marques et de la concurrence déloyale*, n° 496.

association ou tout autre contrat, et ce, dans le but de faire concurrence à un établissement rival, il fait un usage abusif de son nom patronymique, car la simulation à laquelle il a recours n'a pour but que de provoquer une confusion entre les deux maisons de commerce. Dans ces conditions, la concurrence qu'il fait à son rival n'est pas loyale, puisqu'elle est entachée de la fraude précisée et caractérisée plus haut.

19. — Mais au lieu d'un contrat simulé ou fictif, on a parfois recours à un contrat effectif, aux termes duquel une personne prête ou loue son nom patronymique pour en faire le nom commercial d'une maison de commerce, et ce, dans le but de faire concurrence à un établissement rival. Celui qui se prête à cette combinaison la réalise, en faisant l'apport de son nom dans une société commerciale constituée à cet effet. L'usage ainsi fait de son nom patronymique est-il abusif, et la concurrence ainsi faite est-elle déloyale?

Avant de résoudre cette question, il faut tout d'abord observer que c'est un point controversé que celui de savoir si, en général, le nom patronymique peut être cédé, et, partant, être considéré comme un apport dans une société.

Aux termes du deuxième alinéa de l'article 1833 du Code Civil : « Chaque associé doit apporter ou de l'ar- » gent, ou d'autres biens, ou son *industrie.* » Cette disposition permet donc l'apport de choses incorporelles. Le nom est-il une des choses incorporelles dont on puisse faire valablement l'apport dans une société? Ainsi que nous venons de le dire, la question est discutée.

On invoque, dans le sens de la négative, le passage suivant de Pothier. (*Traité du Contrat de Société*, n° 10) : « il faut que ce que, chacun des associés apporte » à la société soit quelque chose d'appréciable. C'est » pourquoi si des associés, pour l'établissement d'une » manufacture, avaient eu convention avec un homme » puissant de lui donner une certaine part, pendant » un certain nombre d'années, dans le profit qu'ils es- » péraient y faire, à la charge qu'il les aiderait de » son crédit pour les affaires de cette manufacture, » cette convention ne serait pas un contrat de société ; » car le secours du crédit de cet homme puissant, » qu'il promet apporter à la société, n'est pas quelque » chose d'appréciable. — Cette convention est nulle » comme contraire à l'honnêteté publique et aux bonnes » mœurs, qui ne permettent pas aux personnes puis- » santes d'accorder leur crédit pour de l'argent. » On y ajoute un passage de Berlier dans la discussion de l'art. 1833, C. civ. au Conseil d'Etat : « En thèse gé- » nérale, a-t-il dit, un nom isolé de tout acte de la per- » sonne est une chose fort arbitraire, au lieu que l'in- » dustrie est une chose positive à laquelle il convient » de s'arrêter (1) ». Il a alors semblé à Troplong (*Sociétés* n° 115), à Duvergier (n° 19), à Aubry et Rau (4ᵉ éd., t. IV, § 377, texte et note 2, p. 543), à Laurent

(1) Fenet, t. XIV, p, 367; Locré, t. XIV, p. 491.

(*Princ. de dr. civ.* t. XXVI, n° 143), à M. Huc (t. II, n° 21), que le nom seul ne pouvait pas constituer un apport dans une société, parce que c'est une chose inappréciable, ou parce que ce serait contraire à la morale publique.

L'affirmative réunit le plus grand nombre des suffrages (1). On fait remarquer dans cette opinion que le passage de Pothier se réfère au crédit politique, et non pas au crédit et au nom commercial. Et quant à l'observation de Berlier, elle manque assurément d'exactitude, car le crédit commercial, c'est-à-dire la confiance qu'une personne inspire, grâce à son bon renom, à son habileté, à son honnêteté, est une valeur tout aussi susceptible d'appréciation que le profit que cette personne pourrait tirer de son industrie.

Cette seconde opinion nous semble préférable ; elle correspond, comme dit Rendu (2), aux usages établis, elle est plus conforme à l'esprit de notre époque ; et, d'autre part, aucun texte de loi ne la contredit.

20. — Demandons-nous maintenant si une pareille convention constitue un usage abusif de son nom patronymique. Il est évident que la question ne se pose même pas pour ceux qui considèrent que le nom seul

(1) V. Massé et Vergé, sur Zacharie, t. IV, § 713, note 6, p. 424, Pont, *sociétés*, t. Ier, n. 65; Demante et Colmet de Santerre, t. VIII, n. 2 bis; Bédarride, *sociétés*, n. 30 ; Alauzet, *Dr. Comm.* t. II n. 390; Lyon-Caen et Renault, *Tr. de dr comm.* t. II. n. 32; Rendu., *Tr. des marques de fabr.* n. 420; Pouillet, *Tr. des marques* etc. n. 493.

(2) Rendu. *Traité des marques de fabrique...* n° 420.

ne peut pas être cédé, et qu'il ne peut former, au sens légal du mot, un apport dans une société ; mais elle peut se poser pour ceux qui, comme nous, admettent la possibilité de la cession, ou qui reconnaissent au nom seul une valeur pécuniaire, de nature à en faire un apport dans une société.

Il nous semble que, même en admettant cette dernière opinion, il faut reconnaître que la cession ou l'apport d'un nom, uniquement dans le but de faire concurrence à un établissement commercial rival, est un usage abusif de son nom patronymique, et par conséquent constitue la concurrence déloyale.

Il ne s'agit pas, pour celui qui cède son nom, de liberté du commerce ou de l'industrie, puisque par hypothèse, il ne cède que son nom et demeure par conséquent étranger au commerce ou à l'industrie qu'on exerce en son nom ; il ne s'agit pas de sa liberté individuelle, qui serait mise en jeu par cette raison que le nom s'identifie avec la personne, puisque précisément il détache le nom de sa personne, et trafique avec ce nom seul. Aucune des raisons qui militent en faveur de la libre disposition ne peut donc être invoquée (1).

21. — Nous avons ainsi établi en quoi consiste l'usage abusif de son nom, constituant la concurrence déloyale. Nous allons nous demander maintenant quel est le

(1) *Sic*, Pouillet, *Tr. des marques*, etc, n. 494. — Trib. de la Seine, 13 août 1828, *Gaz. des trib.* du 14 août 1828 : Paris, 11 décembre 1867, Pataille 68. 95.

droit de celui au détriment de qui cette concurrence déloyale est commise. Ainsi, une personne est en possession d'un nom commercial, et une ou plusieurs autres personnes fondent un établissement commercial rival en le désignant par le même nom commercial, acquis dans les conditions que nous venons d'indiquer ; quels sont les droits de celui à qui on fait concurrence par de tels moyens ?

Il est évident qu'il peut exiger l'addition de toutes sortes de mentions de nature à établir une distinction caractéristique entre les deux maisons rivales, telles que : addition ou retranchement de prénoms, addition de la date de la fondation de la maison (1), etc., etc. Ce droit, nous l'avons vu, appartient au possesseur du nom, en présence d'un concurrent faisant un usage légal de son nom ; à plus forte raison ce droit lui appartient-il en présence d'une concurrence déloyale.

Mais est-ce tout ? Ne peut-il pas exiger la suppression du nom, cause de la concurrence, ne peut-il pas obtenir l'interdiction de cet usage du nom patronymique ?

Au premier abord, on peut être étonné qu'une pareille question puisse se poser. Le nom est attaché à la personne par un fait indépendant de sa volonté ; ce nom ne peut être ni modifié ni répudié. D'autre part, tous ceux qui portent le même nom peuvent invoquer les

(1) V. Paris, 6 février 1865 (S. 1865. 2. 89) ; Cass. 15 juillet 1879. (S. 1879. I. 348) ; *Adde* sur le principe, Cass. 4 décembre 1893, (S. 1894. I. 286).

mêmes raisons pour s'en assurer la protection légale. Il semble dès lors qu'un droit *exclusif* soit inconcevable, puisque les droits de tous les titulaires du même nom paraissent identiques. On peut y ajouter toutes les considérations développées plus haut, relativement à la liberté du commerce et de l'industrie.

Un examen plus approfondi fait pourtant bien vite apparaître que ce n'est pas sur ce terrain que la question doit être posée. Quelle que soit la forme de la concurrence déloyale, l'interdiction de cet usage abusif de son nom patronymique n'a pas pour but, comme l'a dit très justement la Cour de Cassation (1), la défense « de se servir de son nom pour faire le commerce en » son nom personnel, mais d'en disposer pour le prê- » ter à des tiers et *pour leur procurer ainsi un béné-* » *fice illicite* ». Le droit au nom, qu'il soit qualifié de propriété ou non, est parfaitement respectable; mais on ne doit pas en faire un usage qui aboutisse à un fait illicite ; l'art. 544 du Code Civil, qui consacre le droit de propriété, le qualifie bien d'absolu, mais il ajoute « *pourvu qu'on n'en fasse pas un usage prohibé* ». L'usage est prohibé quand il empiète sur le droit d'autrui, et est de nature à procurer des avantages que rien ne saurait justifier.

Nous concluons donc que l'interdiction de l'usage abusif du nom est parfaitement possible.

(1) Cass. req. 4 février 1852, (S. 1853. 1. 213) *Adde* Paris 19 mai 1865, (S. 65. 2. 158).

22. — Mais dans quelle mesure cette interdiction est-elle possible? Les diverses décisions des Cours et Tribunaux nous présentent ici une distinction qui nous semble tout à fait raisonnable : lorsque la concurrence déloyale est faite par un individu qui exerce réellement et personnellement le commerce, les tribunaux ne peuvent lui interdire l'usage de son nom (1), ils ne peuvent que prescrire des mesures de nature à éviter la confusion entre les maisons concurrentes ; — mais lorsque la concurrence déloyale est pratiquée par un individu qui n'exerce pas réellement le commerce, qui n'est qu'un prête-nom, les tribunaux peuvent lui interdire l'usage de son nom pour consommer l'acte illicite qu'il a perpétré (2).

Cette distinction a toujours été admise en jurisprudence. On cite cependant un arrêt de la Cour de Paris du 18 juillet 1861 (S. 1861. 2. 510), confirmé par la Cour de Cassation le 18 novembre 1862, (S. 1863. 1. 17), décidant que l'usage du nom patronymique peut être interdit en cas de concurrence déloyale même à celui qui exerce réellement le commerce. Le point précis tranché par ces deux arrêts peut se résumer ainsi : Le fait de la part d'un commerçant ayant *deux*

(1) *Sic.* Cass. 30 janvier 1878, (S. 1878. 1. 289) ; Amiens 2 août 1878 (S. 1878. 2. 247) ; Cass. 15 juillet 1879 (S. 1879. 1. 348) ; Cass. 4 décembre 1893, (S. 1894. 1. 286). — *Adde* Cass. 24 novembre 1846. (S. 1846. 1. 829).

(2) Cass. 27 mars 1877, (S. 1877. 1. 263) ; Paris, 27 décembre 1893 (S. 1895. 2. 146) ; Cass. 18 mars 1895. (S. 1895. 1. 319).

noms patronymiques (Leblanc de Ferrière), et ayant depuis longtemps adopté l'un d'eux (Ferrière) pour raison commerciale, et qui y ajoute le second nom (Leblanc) au moment où un autre commerçant portant ce même nom est venu exploiter dans la même maison un commerce semblable, peut être considéré comme constituant une manœuvre de concurrence déloyale; en un tel cas, le commerçant auteur de cette manœuvre peut être condamné, non seulement en des dommages et intérêts pour le préjudice causé par l'emploi du nom patronymique en question, mais encore à supprimer ce nom patronymique de sa raison commerciale, — alors du moins que l'interdiction de se servir de ce nom ne doit pas s'étendre au delà du temps où l'une des parties cessera d'habiter la même maison.

Ces décisions ont été critiquées comme violant le le droit et le devoir qu'a tout individu de se faire connaître sous son nom patronymique (1).

Il nous semble que ces décisions s'expliquent par les faits de la cause dans laquelle elles ont été rendues. On reconnaît aux tribunaux le droit de prescrire toutes les mesures de nature à éviter la confusion, et nous avons vu que ces mesures pouvaient consister dans l'addition ou le retranchement d'un prénom; or, le

(1) V. les conclusions de M. l'Avocat général Pinart, jointes à l'arrêt de la Cour de Paris, du 18 juillet 1861 (S. 1861. 2. 540), ainsi que les annotations dans le *Recueil Sirey* sur les deux arrêts cités. V. aussi M. Lallier, *Propr. des noms et des titres*, p. 376, texte et note 3.

prénom est aussi inviolable juridiquement que le nom patronymique, rien ne s'oppose donc, au cas où une personne, comme dans l'espèce, a deux noms patronymiques, à ce que les juges prescrivent des mesures analogues à celles qu'ils prescriraient s'il s'agissait d'un prénom, — surtout, encore une fois, étant donnés les faits de la cause.

Dans ses conclusions, M. l'Avocat général Pinart, tout en combattant ce système, qui avait déjà été admis en première instance, le résume ainsi : « Ils (les pre-
» miers juges) ont oublié que, même sur une enseigne
» et sur des factures, le nom patronymique servant à
» un usage commercial est encore et toujours le nom
» patronymique..... *Ils l'ont fait descendre au rang*
» *des raisons sociales ordinaires; ils l'ont modifié*
» *comme s'il n'était plus que l'emblème d'un com-*
» *merce, le signe d'un magasin, le surnom tradi-*
» *tionnel d'une maison connue*.. .. »

Ce sont là, évidemment, les raisons décisives qui ont motivé les deux arrêts ci-dessus rappelés.

23. — La distinction admise en jurisprudence est presque unanimement acceptée en doctrine (1). Un auteur, M. Blanc (2), semble cependant adopter une opinion absolue, dont l'énoncé suffira pour la faire

(1) V. Pouillet, *Tr. des marques et concurrence déloyale*, n° 496; Calmels, *Tr. des noms et marques*, n° 156, et un article dans Pataille, 56. 33 ; Bédarride, *Brevets, noms et marques*, nos 736 et suiv.; Gastambide, *Tr. des Contrefaçons*, n° 452.

(2) *Tr. des Contref.*, n° 714.

rejeter. Il pense que « l'interdiction absolue de se » servir du nom doit être prononcée contre ceux-là » mêmes qui portent le même nom, toutes les fois » qu'il est démontré qu'ils ne sont entrés dans cette » industrie que pour profiter, à l'aide de cette simili- » tude dans les noms, de la réputation acquise par » leur homonyme..... Vaincus dans leurs louables » scrupules par les tentatives incessantes de la fraude, » les magistrats ont enfin compris qu'il n'y a aucun » danger, et qu'il y a, au contraire, toute justice à » contrarier ces vocations industrielles, que l'appât » d'un gain illégitime a seul décidées..... » Et, plus loin, il ajoute même que l'interdiction de se servir de son nom patronymique doit être prononcée *toutes les fois que la confusion est possible,* « autrement, la fraude serait trop facile ».

Il y a là une exagération, évidemment ; les considérations développées plus haut en faveur du droit qu'a tout individu de se servir de son nom dans sa vie commerciale y répondent suffisamment.

Notons encore une autre dissidence. M. Humblet, dans son *Traité des Noms,* n° 274 et suiv., s'élève contre le droit de réglementation reconnu aux tribunaux. « L'art. 5 du Code civil défend expressément » aux juges de prononcer, par voie de disposition » *réglementaire,* sur les causes qui leur sont sou- » mises. Ce même article leur interdit aussi de pro- » noncer par voie de disposition *générale;* or, un

» jugement qui impose aux commerçants une firme » dont ils devront, à l'avenir et toujours, user dans » toutes leurs opérations, ne contient-il pas une *dis-* » *position générale?* » D'après cet auteur, le seul pouvoir qui appartienne aux tribunaux, c'est de prononcer des dommages et intérêts pour la réparation du préjudice causé.

Ce système méconnaît absolument le sens et la portée de l'art. 5 C. civ. Cet article, en effet, proscrit les anciens *arrêts de règlement* des Parlements, qui avaient force de loi, dans le ressort du Parlement, relativement à toutes les contestations qui seraient jugées dans ce ressort; tandis que, dans la solution qui nous occupe, la décision du tribunal ne se réfère qu'au cas qui lui a été soumis.

§ 2. — *Adjonction du nom de la femme.*

24. — Il arrive fréquemment dans le commerce que le mari joigne à son nom le nom de sa femme, et forme le nom commercial de son établissement de la réunion de ces deux noms; cet usage, consacré par la jurisprudence (1) et la doctrine (2), s'explique par des con-

(1) V. Poitiers, 8 déc. 1863 (S. 1864. 2. 50); Bordeaux, 17 nov. 1873 (S. 1874. 2. 145), et la note de M. Lyon-Caen; Limoges, 21 janv. 1888 (S. 1888. 2. 27).

(2) V. Blanc, *Tr. de la Contref.*, p. 714; Bédarride, *Tr. des Lois sur les brevets*, t. II, n° 745; A. Rendu, *Tr. prat. des marques de fabr.*, n° 415; Huard, *Rép. de lég. de doctr. et de jurisp.*, n° 155; Pouillet, *Tr. des marques de fabr.*, n° 508; Ruben de Couder, *Dict. de dr. comm.*, t. III, v° *Enseigne*, n° 84.

sidérations de diverses natures. Tantôt c'est un moyen pour le commerçant de distinguer son établissement de celui d'un homonyme, tantôt c'est un moyen d'indiquer les droits du successeur, tantôt c'est la raison sociale d'une association en nom collectif.

Il est à peine besoin de faire remarquer que si cet usage est accepté, il ne saurait devenir l'instrument d'une concurrence déloyale. Dans ce dernier cas, les tribunaux auraient les pouvoirs les plus étendus et pourraient même ordonner la suppression du nom de la femme, si l'adjonction de ce nom avait pour conséquence de porter préjudice à une maison de commerce ayant précisément cette raison sociale.

25. — Le mari qui a ainsi joint à son nom patronymique celui de sa femme pour en faire le nom commercial de son établissement, ne perd pas le droit de se servir de ce nom en cas de dissolution du mariage par décès ou divorce. La loi du 6 février 1893 décide bien dans son art. 2 que, « par l'effet du divorce, » chacun des époux reprend l'usage de son nom »; mais il est évident qu'elle ne règle que l'usage du nom patronymique dans la vie civile (1).

Mais si le divorce ou le décès n'enlèvent pas, de plein droit, au mari le droit de continuer à se servir du nom de sa femme, il n'en saurait être de même en cas d'abus. Seulement, il faut procéder en cette matière avec la plus grande circonspection, car on pourrait

(1) *Sic* Pouillet, *Tr. des marques*, n° 511 *bis*, *in fine*.

porter une atteinte, peut-être irrémédiable, à une fortune commerciale fondée sur la notoriété du nom sous lequel le commerce a été exercé jusque-là. C'est pourquoi nous pensons, avec M. Pouillet (1), que les tribunaux auront, en cette matière, un très large pouvoir d'appréciation.

Pour le cas de séparation de corps, l'art. 3 de la loi du 6 février 1893 décide que « dans le cas où le mari » aurait joint à son nom le nom de sa femme, celle-ci » pourra demander qu'il soit interdit au mari de le » porter ».

Encore une fois, ce texte ne s'occupe pas du nom commercial; mais nous pouvons l'appliquer *in terminis* à notre question. Nous dirons donc que la séparation de corps n'a pas de plein droit pour effet de faire perdre au mari le droit de *continuer* à se servir du nom de sa femme, mais celle-ci pourra obtenir que, soit le jugement qui prononce la séparation de corps, soit un jugement postérieur, défende au mari de continuer à porter ce dernier nom, et d'exercer le commerce sous ce nom commercial, au moins dans le cas d'abus.

§ 3. — *Droits de la veuve.*

26. — La femme en se mariant, prend le nom de son mari (2); devenue veuve, elle ne perd pas pour

(1) *Ubi suprà.*
(2) V. Paris, 19 juillet 1877 (S. 1878. 2. 241).

cela le droit de s'appeler du même nom. Peut-elle en faire un nom commercial ? La question que nous posons est double : *a*) La femme devenue veuve avant d'avoir exercé le commerce, peut-elle s'établir sous le nom de son mari et faire de ce nom le nom commercial de son établissement ? — *b*) la femme qui a fait le commerce du vivant de son mari et sous son nom, peut-elle continuer à porter ce nom, alors qu'elle est devenue veuve ?

Sur la première question, notre réponse est, que très évidemment elle peut faire usage du nom de son mari, car elle est connue sous ce nom et tout commerçant a le droit de prendre comme nom commercial le nom qui distingue son individualité (1). Mais il ne faudrait pas qu'en se servant de ce nom, la veuve tende à faire confondre sa personnalité avec celle de son mari défunt; elle doit alors faire précéder ce nom du mot *veuve* pour éviter toute confusion (2). A plus forte raison serait-elle en faute, si elle entendait faire, à l'aide du nom de son mari, une concurrence déloyale, soit à des membres de la famille de son conjoint prédécédé, soit même à d'autres homonymes; les tribunaux pourraient, dans ce cas, prescrire toutes les mesures nécessaires pour éviter une confusion, et même lui interdire de se servir de ce nom.

Sur la seconde question, nous pensons de même

(1) *Sic* Pouillet, *Tr. des marques*, n. 511.
(2) V. Paris 21 mars 1877, Heidsieck. (Pataille 87.198).

qu'on ne saurait contester à la femme le droit de continuer à porter le nom de son mari après le décès de celui-ci, si, déjà pendant le mariage, elle avait exercé le commerce sous ce nom, devenu ainsi le nom commercial de son établissement. C'est que le nom fait quelquefois la valeur de l'établissement; lui interdire l'usage de ce nom serait donc détruire une valeur certaine qu'elle a dans son patrimoine, lui enlever un droit acquis, peut-être même ruiner une situation commerciale édifiée par une longue série de travaux et par une honnêteté universellement réputée.

27. — Que faut-il décider, si la veuve se remarie? Conserve-t-elle le droit de se servir du nom de son mari, à titre de nom commercial, pour l'établissement qu'elle exploitait sous ce nom avant de se remarier? L'affirmative ne saurait faire doute pour nous dans les deux cas que nous venons d'examiner; il y a là, ainsi que nous l'avons déjà fait remarquer, une valeur acquise, une valeur certaine qu'on ne saurait lui enlever sans droit. Ajoutons que, parfois même, le nom aura été acquis moyennant finances, à la suite d'une licitation; de quel droit lui enleverait-on une valeur qu'elle a ainsi légalement acquise ?

D'ailleurs, nous examinerons plus loin la même question, à ce point de vue spécial, et au cas où la femme a acquis le fonds de commerce exercé par son mari, et peut ainsi se dire son *successeur*. Notre solution sera la même que pour l'hypothèse actuelle.

§ 4. — *Droits de la femme divorcée ou séparée de corps.*

28. — La loi du 6 février 1893 s'est occupée du droit de la femme de porter le nom de son mari en cas de séparation de corps ou de divorce. Cette loi, ainsi que nous l'avons déjà fait remarquer, ne s'occupe pas du nom commercial. Nous dirons donc qu'en cas de divorce, la femme ne perd pas nécessairement le droit de faire usage du nom de son mari à titre de nom commercial. « La loi de 1893, dit M. Pouillet (1), n'obligera pas » nécessairement le juge à ruiner quand même une » situation commerciale intéressante ; c'était au mari, » après tout, à prévoir qu'en laissant sa femme com- » mercer sous le nom qu'il lui a donné, le divorce » pourrait un jour survenir et le mettre ainsi dans une » situation embarrassante ou douloureuse. Il n'avait » qu'à lui imposer de faire le commerce sous son nom » de fille, le seul, en définitive, qui lui appartienne » légalement et dont elle puisse signer les actes authen- » tiques..... »

Si elle se remarie, nous donnons la même solution que pour la veuve, les mêmes raisons se retrouvant dans cette hypothèse.

Le large pouvoir d'appréciation que nous avons reconnu aux juges en cas de divorce, nous le leur maintiendrons, à plus forte raison, en cas de séparation de

(1) *Tr. des marques*, n° 511 *bis*.

corps, et ce, en vertu des termes mêmes de l'article 3 de la loi du 6 février 1893.

Notons que si, d'après la loi du 6 février 1893, le mari a fait interdiction à sa femme de continuer à porter son nom, celle-ci ne pourra pas s'établir sous ce dernier nom, bien que, en somme, elle soit toujours mariée.

§ 5. — *Usage du nom d'un tiers* (*titre d'ancien élève, ancien apprenti, ancien ouvrier, etc.*)

29. — Celui qui a fait son apprentissage dans une maison de commerce ou dans un établissement industriel en renom, peut-il, en s'établissant à son tour, prendre la qualité de *ancien élève de*..... avec l'indication du nom de la personne qui lui a donné les premiers enseignements ? N'y a-t-il pas là un usage abusif et sans droit du nom d'un tiers ?

Pour nous bien faire comprendre, il faut poser la question avec précision. Nous ne nous demandons pas s'il peut prendre cette indication pour en faire l'instrument d'une concurrence déloyale ; envisager cette hypothèse serait une naïveté. Si nous posons la question c'est uniquement en vue de l'exercice régulier et loyal d'un commerce honnête. Sur la question ainsi posée, il ne peut y avoir que deux manières de voir : la permission ou l'interdiction (1).

(1) On a pris l'habitude de classer en *trois* catégories les divers avis exprimés sur cette question. V. M. Pouillet, *Tr. des marques*, n° 533 et suiv. ; M. Henri Allart, *Tr. théor. et prat. de la concurr.*,

On a invoqué dans le sens de l'interdiction divers arguments qui ne nous semblent pas convaincants. L'élève ou l'apprenti inintelligent, a-t-on dit, pourrait par ce moyen compromettre la réputation de son ancien patron, puisqu'on peut être commerçant ou industriel très habile, et avoir des employés ou apprentis très maladroits ; on a ajouté que cette faculté d'invoquer le patronage d'un tiers peut porter à ce dernier le plus grave préjudice, puisque par ce moyen, sa clientèle lui sera enlevée petit à petit, et en détail (1).

Ces raisons ne nous semblent pas décisives. Ainsi que le fait remarquer avec beaucoup de justesse M. Bédarride (2) « se dire élève ou apprenti, c'est dire » au public qu'on a été à bonne école, mais non qu'on » s'est assimilé au maître, qu'on a acquis ses aptitudes, » son habileté, son intelligence ». Il importe de remarquer au surplus que, très souvent, cet ancien élève aura fait des sacrifices pécuniaires pour entrer chez son patron, sacrifices consistant soit en argent, soit dans l'abandon

t. Ier, n° 69 et suiv.; une note insérée dans le Recueil Sirey sous Cass. 23 juillet 1891 (1892, I, 116). Cette classification consiste à faire dire ceci : la première opinion refuse toujours le droit d'indiquer la qualité d'ancien élève ; la seconde le permet toujours; et la troisième distingue suivant les circonstances : elle le refuse si l'ancien élève en fait une manœuvre de concurrence déloyale, et le permet dans tout autre cas. Il nous semble que la seconde et la troisième opinion n'en font qu'une. M. Bédarride (n° 751), qui est très net en faveur de la deuxième opinion, ne suppose évidemment pas que l'ancien élève entend se servir de cette indication comme d'un moyen de concurrence déloyale.

(1) V. en ce sens Blanc, n° 715 ; Gastambide, p. 469; Huard, *Prop. ind.*. n° 169.

(2) *Commentaires des lois sur les brevets* etc., n° 751.

de toute rémunération pendant un certain temps. Or, ce qui aura le plus souvent déterminé ces sacrifices, c'est précisément la grande réputation du patron. Pour toutes ces raisons, nous pensons, avec le plus grand nombre des auteurs, que l'ancien élève et l'ancien apprenti peuvent parfaitement, en s'établissant, indiquer cette qualité (1).

Il importe de remarquer, au surplus, avec MM. J. Hayem et J. Périn (2) « qu'un apprenti placé chez un » maître et mis au courant même par un autre que ce » dernier des procédés particuliers de la profession ou » des secrets spéciaux à ce maître, aurait le droit de » prendre le titre d'élève ou d'apprenti ».

Si le droit de l'élève ou de l'apprenti de se servir de la qualification d'élève ou apprenti de son maître ou patron est contesté par quelques auteurs, on admet généralement que l'ancien ouvrier ou employé d'un fabriquant ou d'un industriel ne peut prendre le titre d'élève de ce fabricant ou de cet industriel, parce que ce titre ne lui appartient pas (3).

30. — Mais l'ouvrier peut-il, au sortir d'une maison,

(1) V. Bédarride, n° 751 ; Calmels, n° 169; Rendu, *Marques de fab.*, n° 487; Ruben de Couder, *Dict.*, v° *Enseigne*, n° 51; Pouillet, *Tr. des marques etc.*, n° 537.— Paris, 5 mars 1839 (S. 1839, 2, 389). V. cependant Bordeaux, 9 février 1886 (S. 1887, 2. 9).

(2) *Traité du contrat d'apprentissage* n° 229, p. 152 et 153.

(3) V. Paris 24 avril 1834 (S. 1834. 2. 261). — Gastambide, p. 468, n. 476; Rendu n. 488; Huard, *Rép. de lég. et de doctr. en mat. de marques etc.*, n. 174 et suiv. ; Pouillet, n. 540; Ruben de Couder, *Dict.* v° *Enseigne* n. 56.

prendre le titre d'ancien ouvrier de cette maison ? D'après M. Calmels « l'usage régulier, légitime (du » titre d'ancien ouvrier) ne peut donner naissance à » aucune contestation. Les tribunaux n'ont donc qu'à » examiner la question de savoir si, en fait, celui qui » prend cette qualité justifie que cette qualité lui ap- » partient véritablement, et si la qualification qu'il se » donne n'a pas pour but de porter atteinte à la clien- » tèle d'une autre maison (1) ». La plupart des auteurs pensent cependant que, de la part d'un simple ouvrier, se recommander auprès du public du nom de son ancien patron n'est en somme qu'un moyen détourné de lui faire une concurrence déloyale (2). — Il nous semble que la qualité d'ancien ouvrier peut être prise, tout au moins lorsqu'elle est justifiée par une longue collaboration ou, comme le disent MM. Gouget et Merger (3), « lorsqu'il s'agit surtout d'un de ces ouvriers dont » l'habileté non contestée a concouru puissamment à » la renommée et à la fortune du patron ».

31. — Sur la qualité d'ancien employé, la jurisprudence est fixée en ce sens qu'il peut, en fondant lui-même un établissement, se prévaloir de sa qualité d'ancien employé, s'il y a là, bien entendu, un fait conforme à la vérité, et si d'autre part on n'y trouve pas

(1) *De la propr. et de la contrefaçon*, p, 277, n. 193.

(2) V. Blanc, p. 714; Gastambide, p. 469, n. 476; Calmels, *Noms et marques* n. 167; Rendu, n. 490 et suiv.; Huard, *Rép.* n. 108; Bédarride, *Quest. de dr. comm.*, p. 225.

(3) *Diction.* v° *Enseigne*, n. 43. *Adde*, M. Pouillet, n. 542.

une manœuvre de concurrence déloyale ou une tendance à faire faire une confusion, dans le public, entre la maison qu'il a fondée et celle qu'il a quittée (1). — Nous approuvons sans réserve cette jurisprudence.

32. — Quant à la qualité d'ancien associé, on admet assez communément qu'il est permis de la prendre (2). « C'est là, sans doute, dit M. Bédarride (3), spéculer » sur la notoriété que la société avait obtenue et mé- » ritée; mais indiquer la participation qu'on a eue aux » affaires sociales, ce n'est pas s'annoncer comme » leur ayant immédiatement succédé, ce serait plutôt » le contraire, puisque dans ce cas on se dirait, non » associé, mais successeur de la société. D'ailleurs, » cette énonciation mentionne un fait vrai, inhérent à la » personne qui se la donne. Or, elle ne pourrait être » reprochable que dans le cas où elle serait faite avec » l'intention ou de manière à nuire à des tiers. »

Toutefois, suivant M. Blanc (p. 715), il pourrait se présenter des circonstances qui enlèveraient à l'ancien associé le droit que cet auteur lui reconnaît en thèse générale. Et M. Pouillet (n. 546) se rangeant à cette doctrine, pense qu'il appartient aux tribunaux, d'après

(1) V. Cass. 23 juin 1891 (S. 1892. 1. 116); Paris, 22 novembre 1894 (S. 1895, 2. 159). — Comp. Bordeaux, 9 février 1886 (S. 1887, 2. 9).

(2) V. Lyon, 21 mai 1850 (*Journal du Palais*, 1850, 2.64); Cass. 5 mai 1884 (1. 1886, 1. 469). — Blanc, *Tr. de la contrefaçon*, p. 715; Ruben de Couder, *Dict.* t. III, v° *Concurrence déloyale*, n. 82 bis.

(3) *Brevets d'invention*, t. II, n. 761.

les circonstances, d'autoriser ou d'interdire la mention de la qualité d'*ancien associé.*

Cette théorie nous paraît quelque peu hasardée. On peut douter que les tribunaux aient un pouvoir aussi étendu, qu'ils soient les maîtres de prononcer ainsi l'expropriation d'un droit. La restriction formulée par M. Bédarride (1) nous semble préférable. « Le droit » est acquis, mais son exercice est limité. Il ne » doit jamais constituer un abus et une fraude. Il au» rait évidemment ce caractère si, par sa forme, sa » couleur, ses dimensions, la différence des lettres, » l'annonce pouvait faire illusion et déterminer une » confusion entre le nouvel établissement et celui du » successeur de la Société. Mais, même dans cette » hypothèse, la justice ne saurait ni méconnaître, ni » dénier le droit; elle doit se borner à corriger l'abus, » à réprimer la fraude, en en renfermant l'exercice » dans des limites telles que toute confusion soit désor» mais impossible. » C'est, d'ailleurs, en ce sens que s'est prononcée la Cour de Lyon, dans l'arrêt cité plus haut, en décidant qu'« un commerçant peut énoncer » sur son enseigne sa qualité d'ancien associé d'une » autre maison de commerce, mais il n'a le droit » d'y faire figurer cette énonciation qu'autant qu'elle » serait rédigée de manière à ne donner lieu à au» cune équivoque, et qu'elle ne serait pas dange-

(1) *Brevets d'invention*, t. II, n. 761.

» reuse pour les intérêts de la maison dont il était » l'associé (1) ».

CHAPITRE II

PRÉNOM DEVENU NOM COMMERCIAL

33. — Au lieu de désigner son établissement commercial par son nom patronymique, un commerçant peut le désigner par son prénom simplement; une pareille désignation forme évidemment un nom commercial appartenant à celui qui l'a choisi.

Cette désignation remplit en effet toutes les conditions exigées pour constituer un nom commercial ; elle individualise bien nettement l'établissement qui l'a adoptée.

Il peut être interdit à tous ceux qui ont le même prénom d'en faire usage, car cet usage est une véritable atteinte au droit antérieurement acquis. Nous ne sommes pas ici arrêtés par les mêmes considérations qu'en matière de nom patronymique ; le nom patronymique en effet, est une désignation nécessaire, et il n'en est pas de même pour le prénom (2). Il a même été jugé que les tribunaux peuvent interdire à un commerçant l'usage, dans son nom commercial, d'un pré-

(1) Comp. dans le même sens : Calmels. *De la propr. et de la contref.*, p. 277.

(2) *Sic*, Paris 17 juillet 1895, Bernard (*Gazette du Palais*, du 31 octobre 1895).

nom inscrit à son état civil, si cet usage avait pour but de faire confusion avec une autre maison (1).

CHAPITRE III

INITIALES. — CHIFFRES

34. — A. *Initiales.* — Peut-on désigner sa maison de commerce par de simples initiales? En d'autres termes, de simples initiales peuvent-elles former un nom commercial?

Nous savons que le nom commercial n'est autre chose que la désignation de la maison de commerce, la dénomination qui la distingue des autres maisons similaires; d'autre part, aucun texte ne limite les droits des particuliers dans le choix du nom commercial. Nous en concluons que de simples initiales peuvent former un nom commercial (2).

Tel n'est cependant pas l'avis unanime des auteurs, M. Pouillet (3), notamment est d'un avis opposé. « Appelle-t-on un individu par ses initiales? demande-t-il. Les initiales, qui sont des lettres isolées, sans aucune signification par elles-mêmes, n'en pouvant avoir que si elles sont réunies à d'autres, constituent-elles, à un degré quelconque, un vocable? Est-

(1) Paris, 23 février 1891 (Aff. Mme Hudry), (Pataille, 92, II).

(2) V. en ce sens Blanc, *Tr. de la contref.*, p. 775; Paris, 26 avril 1851, affaire Bardou, cité par Blanc.

(3) *Tr. des marques*, n. 382.

» ce le signe de l'individualité, de la personnalité?
» Est-ce que les mêmes initiales, dans le même ordre,
» ne s'appliquent pas toujours à une foule d'individus
» de noms différents? Nous ne comprenons pas, en vé-
» rité, que M. Blanc ait pu les assimiler au nom de con-
» vention ou pseudonyme, et affirmer qu'elles étaient
» même plus près du nom véritable. Est-ce qu'un nom
» de convention n'est pas un nom? Est-ce que, à l'ori-
» gine, les noms patronymiques ne sont pas toujours
» des noms de convention? Ne voyons-nous pas
» chaque jour des individus qui se sont fait connaître
» sous un nom de convention, se pourvoir aux fins
» d'être autorisés à le porter légalement? Pseudonyme
» ou non patronymique, qu'importe! Cette appellation
» est désignative, spéciale et personnelle, elle a tous
» les caractères du nom...... »

Il nous semble que l'éminent auteur a ici perdu de vue l'idée base du nom commercial; nous dirons avec lui que le nom commercial doit être une appellation désignative, spéciale, personnelle — mais nous ajoutons — s'appliquant à un établissement commercial; or, le nom commercial composé uniquement des initiales réunit ces caractères. Peu importe d'ailleurs que les mêmes initiales, dans le même ordre, s'appliquent à plusieurs individus; n'en est-il pas de même pour le nom patronymique?

Malgré ces critiques, nous persistons donc à croire que les initiales peuvent former un nom commercial.

35. — B. — *Chiffres.* — La même question se pose pour le cas où le nom commercial se compose uniquement de chiffres. Nous pensons que des chiffres peuvent parfaitement former un nom commercial. Ainsi, on a vu des maisons de commerce s'établir sous la dénomination : *aux 15-20* ; *4!!! 8!!!* etc., etc. Ce sont là des noms commerciaux, et nous justifions notre manière de voir par les mêmes motifs que pour les simples initiales (1). Pour nous, le seul caractère absolu du nom commercial est de suffire à individualiser une maison de commerce.

CHAPITRE IV

PSEUDONYME

36. — « Le pseudonyme, dit M. Pouillet (2), est une » appellation que l'usage a peu à peu substituée au » nom véritable que portait un individu, de telle sorte » que, le plus souvent, cet individu n'est plus connu » que sous ce pseudonyme. » — Aux termes de l'art. 2 de l'arrêté du 6 fructidor an II, aucun citoyen ne peut porter d'autres noms ou prénoms que ceux exprimés dans son acte de naissance; les pseudonymes sont donc interdits. Il s'est cependant passé ce phénomène que l'usage, la coutume, a abrogé la disposition de l'arrêté de fructidor an II, à tel point que l'on voit fréquemment des personnes substituer un pseudonyme ou

(1) V. en sens contraire, Pouillet, *Tr. des marques*, n. 383.
(2) *Tr. des marques de fabr. et concurrence déloyale*, n. 378.

un nom imaginaire à leur nom véritable. « Les exemples » de cette substitution sont fréquents, dit M. Pouillet (1), » surtout dans le monde des lettres et des arts, et » nombre d'artistes ou écrivains, dont le pseudonyme » est populaire, sont absolument inconnus sous leur » nom véritable. » On peut ajouter que si cette substitution est fréquente dans le monde des artistes et des écrivains, elle est opérée aussi parfois par d'autres personnes, et notamment par des commerçants. Dans ce cas, et lorsqu'un commerçant connu sous un pseudonyme désigne, par ce pseudonyme, son exploitation commerciale : soit sa maison de commerce, soit le produit spécial qu'il fabrique ou qu'il vend, ce nom doit être protégé exactement comme un nom véritable (2).

La jurisprudence, d'ailleurs, reconnaît que le pseudonyme peut devenir une propriété, quand il a été publiquement porté par une personne qui a toujours été connue sous ce nom (3), et que toute atteinte au droit du titulaire doit être réprimée (4). Ces décisions ont été rendues spécialement à l'occasion d'un nom commercial.

37. — Lorsqu'on a ainsi acquis le droit de se servir d'un pseudonyme comme nom commercial, il est

(1) *Tr. des marques, etc*, n. 378.

(2) Huart, *Propr. ind.* n. 165 ; Blanc. *Contref.* n. 717 ; Rendu, *Marques de fabr. et comm.* n. 391 ; Calmels, *Noms et marques*, n. 133.

(3) V. Cass. 6 juin 1859 (S. 1859. 1. 657) ; Paris, 12 déc. 1857 Pataille 58. 83) ; Trib. de la Seine, 22 juillet 1896 (S. 1897 2. 219) et la note.

(4) Paris, 30 décembre 1868 (S. 1869. 2. 139).

évident que ce droit est à l'abri de toute atteinte ; il en est spécialement ainsi à l'égard de celui qui porte réellement le nom choisi comme pseudonyme. La question que nous soulevons ici est double :

1° Celui qui porte réellement le nom peut-il en interdire l'usage à celui qui a acquis le droit de s'en servir, à titre de nom commercial? — En principe, le titulaire d'un nom a le droit de s'opposer à ce qu'on s'en serve comme pseudonyme (1) ; mais lorsqu'il s'agit d'un nom commercial, la solution peut être différente. « Si l'on admet que le droit (des titulaires de nom), dit » M. Pouillet (2), tout en étant certain, n'est pas » absolu ; si l'on est d'avis que son exercice doit être » subordonné aux circonstances et à la possibilité d'un » dommage matériel ou moral, au danger d'une con- » fusion, on peut alors se demander si, quand un » commerçant a pris de bonne foi un pseudonyme et a » fait connaître les produits de son commerce sous ce » pseudonyme, un tiers, porteur, de par son acte de » naissance, de ce même nom, peut en revendiquer » l'usage exclusif et en interdire l'usage à tout autre. » Le point de départ admis, nous sommes naturelle- » ment de l'avis de la négative. Il y a là avant tout une » question de confusion et de préjudice à examiner, et, » si la confusion est impossible, si le préjudice est nul, » la demande doit être repoussée. » A ces excellentes

(1) Trib. de la Seine, 30 mars 1882 (S. 1884. 2. 21) et la note de M. Labbé.

(2) *Tr. des marques de fab.*, n. 380.

raisons, on peut ajouter celle-ci : le droit au pseudonyme ne s'acquiert qu'à la longue, et, la plupart du temps, il y aura de la part du titulaire du nom une abstention équivalente à un consentement tacite (1).

2° Lorsqu'un pseudonyme a été choisi comme nom commercial, celui qui porte réellement ce nom ne peut s'en faire un moyen de concurrence déloyale. Expliquons-nous bien, nous n'entendons pas interdire à celui qui porte réellement un nom, le droit de s'en servir ; mais il sera, en présence du titulaire d'un pseudonyme, dans la même situation, que s'il se trouvait en présence d'un homonyme. En conséquence, il pourrait se voir *limiter* l'usage de son nom et on pourrait même lui en *interdire* l'usage, s'il en faisait l'apport frauduleux à une société constituée uniquement dans le but de faire une concurrence déloyale, alors, du moins, que lui-même resterait étranger au prétendu commerce exercé par la société (2).

38. — Mais lorsque le nom imaginaire n'est pas devenu pseudonyme, c'est-à-dire lorsque celui qui l'a choisi ne l'a pas employé habituellement pour désigner sa personnalité, par conséquent, lorsque ce nom imaginaire n'a pas été substitué par l'usage au nom véritable, faut-il le protéger également ? En d'autres termes, un commerçant ou un fabricant qui vend un produit

(1) V. en ce sens Trib. Comm. de la Seine, 26 septembre 1852, affaire Bardou (Teulet et Camberlin 1. 496).

(2) Paris, 19 janvier 1858, Job (Teulet et Camberlin 7. 115).— *Adde* Paris 20 août 1863 (Pataille 64. 318).

sous un nom supposé, sous lequel d'ailleurs il n'est pas lui-même connu personnellement, a-t-il droit à la protection de ce nom à titre de nom commercial?

Il arrive en effet que des commerçants désignent leurs marchandises sous des noms supposés. Dans un article publié dans la *Gazette des Tribunaux* du 4 décembre 1855, nous lisons, que c'est là un usage répandu dans le commerce des vins de Champagne (1). Mais cette pratique n'est pas spéciale à ce dernier commerce; dans d'autres branches du commerce, on voit souvent des fabricants désigner certains produits par des noms supposés ou imaginaires, dans le but précisément de les distinguer des produits qui font l'objet de leur commerce habituel.

La question qui se pose est donc de savoir si cette dénomination constitue un droit pour celui qui l'a choisie.

Il faut résoudre cette question par une distinction. Il est bien évident que ces noms imaginaires ne désignent pas le fabricant, le commerçant, ni sa maison ou son fonds de commerce; donc ce n'est pas à ce titre

(1) Ainsi, y est-il exposé, que la maison Jacquesson à Châlons, emploie trois étiquettes : la première représente une bacchante dans le costume de sa profession, sous le nom de *MM. Leplus et Comp.*; la seconde, sous le nom de *Clauzet*, et la troisième, sous le nom de *Jouglar*. — La maison Mastiac à Pierry, près Epernay, se désigne par une étoile dans un ciel d'argent, entourée du nom de *Washington*, et, au-dessous, le nom *Comte de Mordant*. — Les noms de *Jenny Lind*, *L. de Saint-Marc*, *A. de Senneval*, distinguent la maison de Venoge et Comp. à Epernay. — Les noms de *Marquis de Poucet*, de *Comte de Villefort*, appartiennent à la maison Desbordes, à Avize, etc., etc.

qu'une protection quelconque pourrait être accordée. Mais cette désignation de fantaisie s'applique au produit; or, la désignation d'un produit déterminé peut constituer un nom commercial (1), et, à ce titre, le droit au nom doit être protégé (2).

CHAPITRE V

NOM APPARTENANT A UNE RÉUNION D'INDIVIDUS

39. — Il arrive fréquemment que des individus se livrent ensemble à une exploitation commerciale, sans désigner cette exploitation par aucun des noms qui leur appartiennent, mais bien par une dénomination désignant leur réunion dans son ensemble. Il y a là un nom commercial qui doit être protégé, exactement comme tout autre nom. « Les *Chartreux*, les *Béné-* » *dictins*, une *Académie* pourraient revendiquer à » leur profit les dispositions de la loi de 1824 », dit M. Pouillet (3). Et il importe de remarquer, avec M. Mayer (4), que « le commerce pourra être fait,

(1) Il est bien entendu que si ces noms de fantaisie peuvent être protégés à titre de *marque de fabrique* dans les termes et les conditions de la loi du 23 juin 1857, cette loi trouvera son application; mais alors nous ne sommes plus dans l'ordre d'idées que nous suivons.

(2) *Sic* Pouillet, *Tr. des marques et contref.* n. 381; Calmels, *Tr. des noms et des marques*, n. 43; Blanc, *Tr. des contref.* p. 717.

(3) *Tr. des marques de comm.*, n. 377; *Adde* Gastambide, *Contref.*, p. 458.

(4) *Concurr. déloy. et contref. en matière de noms et marques*, n. 20.

» sous le nom qu'elle adopte, par une corporation » sans existence légale, bien qu'elle ne puisse con- » tracter ni ester en justice qu'au nom de tous ses » membres, ceux-ci agissant directement et person- » nellement; le nom adopté sera protégé contre la » concurrence comme tout autre nom d'emprunt » (1.)

CHAPITRE VI

RAISON SOCIALE

40. — Au lieu d'un simple nom patronymique, supposons qu'il s'agisse de la raison sociale d'une société en commandite ou en nom collectif. Aux termes des art. 21 et 23 du Code de commerce, la raison sociale se compose des noms des associés indéfiniment responsables. Or, plusieurs hypothèses sont possibles :

1° Il se peut, que dans une raison sociale, figure sans fraude, un nom identique à celui d'un autre individu exerçant le même commerce.—Il a été jugé à cet égard, que chacun a le droit d'user de son nom en toute liberté pour faire le commere; il ne saurait donc être interdit à un individu d'entrer dans une société, et de faire figurer son nom dans la raison sociale, par ce motif seul que ce nom appartiendrait déjà, dans la même industrie, à un concurrent, alors du moins que

(1) V. Trib. Com. Seine, 29 janvier 1879, Detang (Pataille, 79. 313).

ce nom, associé à un autre dans la raison sociale, rend toute confusion impossible (1).

Les explications fournies jusqu'ici suffisent pour justifier cette solution.

Si, toujours en l'absence de fraude, les deux raisons sociales étaient identiques, les tribunaux pourraient prescrire telles modifications qu'ils jugeront utiles. On le voit, nous appliquons ici, par identité de raisons, les mêmes solutions que nous avons adoptées à propos du nom patronymique. *Eadem ratio, idem jus.*

2° Le nom qui fait partie de la raison sociale y a été mis dans un but de concurrence déloyale.

Dans cette hypothèse, les tribunaux ont le droit d'examiner et de rechercher, si celui dont le nom a été ainsi choisi est ou non un associé ou cointéressé sérieux (2) ; et alors, de deux choses l'une :

Ou bien cet individu y est sérieusement intéressé. Le pouvoir des tribunaux ne va pas jusqu'à imposer la suppression du nom, ils ne peuvent que prescrire les modifications à la raison sociale de nature à éviter toute confusion (3). Ainsi et par exemple, les tribunaux pourraient imposer à cette société l'obligation de mettre en évidence les noms de tous les associés (de

(1) Trib. Comm. Reims, 2 octobre 1868 (*Gaz. trib.* du 24 octobre 1868). — *Sic*, Pouillet, *Tr. des marques*, n. 499, *in fine*.

(2) Paris 10 juin 1869, Galibert (Pataille 69. 340).

(3) Paris 18 août 1853, Demarson (Teulet et Camberlin 2.355) ; Paris 6 février 1865, (S. 1865, 2.89).

même que, en matière de noms patronymiques, ils peuvent imposer à un homonyme l'obligation de mettre tous ses prénoms, ainsi que nous l'avons vu plus haut), et ce, pour éviter toute confusion.

Ou bien l'association n'est pas sérieuse, et il appert que l'individu dont le nom a été mis dans la raison sociale est sans participation réelle aux affaires et n'a fait que trafiquer de son nom en vue de la concurrence déloyale ; dans ce cas, les tribunaux peuvent, pour ces affaires, interdire l'usage de ce nom et ordonner sa disparition de la raison sociale (1).

Ici encore, nous reproduisons exactement les distinctions admises à propos de l'usage du nom patronymique.

41. — Il est bien évident que pour pouvoir se plaindre d'une usurpation de nom, il faut que la société plaignante ait une existence réelle et légale et ne soit pas restée uniquement à l'état de projet (2) ; il a été jugé dans cet ordre d'idées que si une société est restée à l'état de projet et si malgré un acte authentique de constitution de société, elle n'a servi, sous son nom, qu'à créer une entreprise chimérique destinée à faire des dupes, elle ne saurait empêcher une société sérieuse et réelle de s'emparer du même nom, et de se l'approprier ; celle-ci peut même en interdire l'emploi à la première société (3).

(1) Cass. 4 février 1852 (S. 1853. I. 213).
(2) *Sic.* Pouillet, *Tr. des marques*, n. 505.
(3) Paris 10 janvier 1845, Lefrançois, *Le Droit* du 15 janvier 1845.

SECTION DEUXIÈME

Dénominations et Raisons Commerciales

42. — Un commerçant peut désigner son établissement par des dénominations sur lesquelles il acquiert un droit privatif. Ainsi le *Printemps*, le *Bon Marché*, les *Grands Magasins du Louvre*, etc, etc, constituent les dénominations ou raisons commerciales de ces établissements de commerce.

Ces dénominations ne sont autre chose que le *nom commercial* de ces établissements; elles servent à les individualiser et à les distinguer de tous autres établissements similaires.

Toute dénomination ne constitue pas nécessairement un nom commercial (1). « La raison commerciale, dit » M. Pouillet (2), n'est protégée qu'autant qu'elle n'est » pas générique et, par suite, de nature à s'appliquer

(1) *Tr. des marques*, n. 376 et 696.
(2) *Ibid.* n. 376.

» à toute une catégorie d'établissements similaires ». Cela est de toute évidence, car c'est là précisément le caractère essentiel du nom commercial.

C'est ainsi qu'il a été décidé que les dénominations de *Glacier napolitain* (Trib. Comm. de la Seine, 13 juin 1845, *Gazette des Tribunaux* du 14 juin 1845) ; de l'*Entreprise générale de balayage public* (Trib. Comm. de la Seine, 11 janvier 1861, Teulet et Camberlin, 10,264) ; celle de *Propriétaires vinicoles réunis* (Bordeaux, 19 avril 1853, S. 1853, 2,419) ; etc., etc., ne pouvaient être l'objet d'un droit privatif parce que ces dénominations sont générales et peuvent s'appliquer à tous les établissements commerciaux de même nature.

Ce que nous venons de dire jusqu'ici se résume encore par cette distinction, généralement acceptée, entre les dénominations *génériques* ou *nécessaires* et les dénominations *de fantaisie* ou *arbitraires*. Ces dernières seules peuvent devenir un nom commercial, par conséquent l'objet d'un droit privatif, tandis que les autres sont, par leur nature, dans le domaine public.

43. — On s'est demandé si la dénomination qui consiste en un mot de langue étrangère et qui dans cette langue sert précisément à désigner le genre d'établissement dont il s'agit, peut devenir un nom commercial.

La réponse est simple : si ce mot n'est pas entré dans la langue française, ni dans les habitudes commerciales, il peut être l'objet d'un droit privatif (1); c'est ainsi qu'on a admis un droit privatif sur les dénominations *Lloyd* (Paris, 15 janvier 1863, Pataille 63,221); *Tattersall* (Trib. Civ. de la Seine, 31 mars 1893, *Gaz. des Trib.* du 1er avril 1893) ; *Bodega* (Trib. de Comm. de la Seine, 4 sept. 1878, Pataille 79,71), etc., etc.

44. — La dénomination qui constitue la raison commerciale d'un établissement est celle qui a été choisie par le propriétaire de cet établissement, et qui se retrouvera, la plupart du temps, sur tous les imprimés (factures, papier à lettres, etc.), ou dans l'acte social, s'il s'agit d'une société. Il est possible cependant qu'un établissement commercial, ayant une raison commerciale bien déterminée, soit connu dans le public sous une autre dénomination ; son droit s'étendra alors sur cette dernière dénomination. C'est ce qui a été décidé par la Cour de Paris le 6 janvier 1880 (2), qui a statué en ces termes : « La qualification habituellement » donnée à une entreprise commerciale, en dehors même » de son titre véritable, constitue à son profit une pro- » priété particulière, aussi bien que le titre lui-même ; » spécialement, lorsqu'une entreprise, ayant le titre » de *Compagnie générale des voitures* est universelle- » ment connue sous le titre de *Compagnie des petites*

(1) V. en ce sens Pouillet, *Tr. des marques etc.*, n. 59, 468 et 700, ainsi que les autorités citées.

(2) S. 1881, 2,182.

» *voitures*, elle est en droit de s'opposer à ce qu'une » entreprise rivale fasse entrer l'expression *Petites* » *voitures* dans l'énoncé de son titre. » — Appréciant cette décision, M. Lallier dit (1) : « C'était là pour » cette Compagnie comme un pseudonyme qu'elle avait » acquis par un long usage. » Nous sommes absolument de cet avis.

45. — Quelle est l'étendue du droit de propriété que l'on a sur une raison commerciale? C'est la question que pose M. Lyon-Caen dans une note insérée dans le recueil Sirey, 1894, 1,433. « Est-il absolu, en ce sens, » que le propriétaire d'une raison de commerce peut » empêcher toute autre personne d'user de la même » raison de commerce, alors même que les circons- » tances et les précautions prises rendraient toute » confusion impossible? Ou bien le droit du proprié- » taire de la raison de commerce de faire interdire par » justice l'emploi d'une désignation semblable est-il » subordonné à la possibilité d'une confusion? » A la question ainsi posée, la Cour de Cassation (Ch. civile), a répondu par arrêt en date du 17 janvier 1894 : « Il ne peut y avoir usurpation d'une rai- » son de commerce qu'autant qu'elle a été reproduite » dans de telles conditions d'identité ou de similitude » qu'il en puisse résulter une confusion entre la maison » créatrice de cette raison de commerce et celle qui en

(1) *De la propriété des noms*, p. 396, note.

» a fait postérieurement l'usage. » Voilà pour le principe (1).

Il nous semble que, sur ce point, la décision de la Cour suprême est conforme aux principes. Le nom commercial, dans l'espèce la raison commerciale, est une dénomination servant à individualiser l'établissement commercial ; du moment que cette *individualisation* existe, du moment qu'en fait aucune confusion n'est possible, aucune atteinte n'est portée à la propriété du nom.

En fait, il s'agissait de la maison de commerce de Paris, *A la Belle Jardinière*, qui se prétendait victime d'une usurpation consistant en ce que, à Blois, un commerçant avait désigné sa maison par la même raison de commerce, mais en y ajoutant son nom et l'indication de la ville de sa résidence. Le Tribunal de Commerce de Blois, la Cour d'Orléans et la Cour de Cassation ont décidé qu'il n'y avait là aucune atteinte aux droits de la maison de Paris. Il nous semble qu'en l'état des faits, l'application des principes n'a peut-être pas été faite avec toute la rigueur voulue. Certes, lorsqu'une maison de commerce est connue sous une dénomination qui est sa raison commerciale, son droit privatif est limité à une certaine étendue de territoire ; il marche de pair avec sa sphère d'action. La réputation est la base du droit et en même temps sa limitation.

(1) Comp. dans le même sens, Cass. 21 février 1893 (S. 1896, I. 135) et la note.

De sorte que, lorsqu'un établissement de commerce, développant ses affaires et étendant sa réputation, sa notoriété, a ainsi acquis un champ d'action plus étendu, il faut admettre nécessairement, que son droit à sa dénomination, s'étendant en même temps que sa notoriété, recule ainsi la limite territoriale de son droit privatif. Donc si des établissements similaires se fondent dans une autre ville avec la même raison commerciale, il est bien difficile d'affirmer *a priori* que toute confusion est impossible et qu'aucun reproche ne peut leur être adressé.

Observons d'ailleurs avec M. Lyon-Caen : « Dans » l'espèce même, comment pouvait-on dire avec certi- » tude, que l'addition du nom de localité mettait obstacle » à toute confusion, alors que la *Belle Jardinière* a » des succursales dans un certain nombre de villes » des départements? Comment pouvait-on dire que » l'addition de noms de personnes empêchait toute » confusion, alors qu'en fait, les noms des gérants de » la maison de la *Belle Jardinière* de Paris, proprié- » taires de cette maison commerciale, ne sont point, en » général, connus du public, parce qu'ils sont rare- » ment joints à la raison commerciale?.. »

M. Pouillet (1), envisageant la même espèce, est d'un avis différent : « Est-ce que la maison de Paris pourra, » à raison de sa notoriété, revendiquer l'usage exclusif » de la dénomination? Est-ce, au contraire, l'établis-

(1) *Tr. des marques etc.*, n° 705, *in fine*.

» sement fondé dans la localité, qui, selon ce que nous
» disions plus haut, pourra revendiquer cette posses-
» sion exclusive? Nous pensons que ni l'une ni l'autre
» de ces deux maisons ne pourra, dans ce cas particu-
» lier, prétendre à l'exclusivité; elles se trouveront
» dans la situation de deux homonymes, libres tous
» deux, on le sait, quoique exerçant le même commerce,
» de le faire sous leur nom propre, à la condition de
» ne point abuser, l'une contre l'autre, de la similitude
» de leur nom. Elles devront, par conséquent, prendre
» chacune de son côté, les précautions nécessaires pour
» empêcher la confusion de se produire; les tribunaux
» pourront et devront les leur imposer. »

Nous ne saurions souscrire, sans réserves, à cette manière de voir, car elle aboutit à la possibilité, pour les juges, d'imposer au propriétaire d'une raison commerciale l'obligation de modifier la dénomination qui constitue cette raison commerciale, alors même qu'il s'agirait d'une maison très ancienne et ayant acquis une grande notoriété. Une telle solution ne serait autre chose qu'une violation certaine du droit de propriété, et une atteinte injustifiée à la réputation acquise; — le tout, peut-être au profit d'un individu qui a fait preuve de plus d'habileté que de bonne foi et d'honnêteté.

SECTION TROISIÈME

Nom des Produits

CHAPITRE Ier

DÉNOMINATIONS DIVERSES

---

46. — De même qu'un établissement commercial peut être désigné par le nom de celui qui l'exploite, de même le fabricant d'un produit peut désigner par son nom l'objet de sa fabrication. Nous avons vu (*Supra*, n° 38), qu'il est même possible de désigner des produits par des noms supposés ou imaginaires. Dans tous ces cas nous reconnaissons un droit privatif susceptible d'être protégé.

On envisage généralement cette question à l'occasion de produits brevetés, que l'inventeur a désignés par son nom, pour se créer ainsi un droit privatif; mais la raison ne se refuse pas à admettre l'hypothèse d'un fabricant désignant par son nom un produit non breveté : soit parce qu'il n'est pas brevetable, soit parce qu'il est tombé dans le domaine public.

Il est bien évident que, s'il s'agit d'une dénomination déposée comme marque, aux termes de la loi du 23 juin 1857, celui qui a opéré le dépôt aura droit à la protection spéciale accordée par cette loi ; mais c'est là un ordre d'idées étranger à notre étude.

47. — Pour que le droit au nom soit ainsi reconnu, il faut qu'il ne soit pas tombé dans le domaine public, ou ne soit pas devenu la désignation nécessaire de la chose ou du produit.

Il peut se faire en effet que, par suite d'un long usage, et en quelque sorte par le consentement tacite de l'intéressé, le nom devienne comme la seule désignation usuelle et reçue de tel procédé de fabrication et de tel produit tombé dans le domaine public. Le nom, alors, se détache en quelque sorte de la personne et s'attache au produit, il appartient à tout le monde ou plutôt n'appartient à personne : tout individu peut s'en servir pour fabriquer ou mettre en vente le produit en question. Il y a des exemples classiques à cet égard : les noms de *Bretelle*, de *Quinquet* sont passés dans la langue usuelle et devenus des noms communs, vulgaires, des objets que ces personnes avaient inventés. « En pareil cas, dit M. Pouillet (1), il n'y a

(1) *Tr. des marques*, n. 384.

» plus de nom patronymique, et la langue s'est en » réalité enrichie d'un mot nouveau. »

Ce qui est arrivé pour les noms de Bretelle et de Quinquet peut arriver encore pour d'autres noms ; cela arrivera notamment à l'occasion d'objets brevetés tombés dans le domaine public. Quand pourra-t-on dire que le nom de l'inventeur est tombé dans le domaine public avec l'objet breveté ?

Trois opinions ont été émises.

Dans une première opinion, le nom tombe dans le domaine public à l'expiration du brevet (1). — Cette opinion repose sur une confusion entre le droit de fabriquer un produit et le droit au nom.

Dans une seconde opinion, le nom du produit tombe dans le domaine public à l'expiration du brevet, à moins que l'inventeur ne se soit réservé l'emploi exclusif de ce nom par un dépôt comme marque emblématique (2). — Cette opinion repose, en somme, sur la même confusion que la précédente, et ne saurait par conséquent être admise.

Dans une troisième opinion, on admet que le nom ne tombe dans le domaine public, après l'expiration du brevet, que s'il est devenu la désignation usuelle et nécessaire du produit. — C'est, on le voit, l'application des principes généraux, et il n'y a aucune raison pour que, dans le cas qui nous occupe,

(1) Blanc, *Invent. brev.*, p. 423 ; *Tr. des contref.*, p. 729.
(2) Rendu, *Tr. des marques*, n. 39.

les principes généraux ne trouvent pas leur application (1).

Cette dernière opinion a été admise en jurisprudence.

La Cour de Cassation, dans plusieurs arrêts, en a donné la formule satisfaisante : « Le nom patrony- » mique de l'inventeur reste sa propriété exclusive à » l'expiration de son brevet, et ne peut pas être em- » ployé par ceux qui fabriquent le produit tombé dans » le domaine public. » — Voilà le principe ; ce principe fléchit lorsque, « par le consentement exprès ou » tacite de l'inventeur, son nom est devenu la seule » *désignation officielle et nécessaire* du produit bre- » veté » (2). Cette formule est assez claire et n'a pas besoin d'autres développements.

48.— **Médicaments.**— Le nom patronymique peut devenir une désignation nécessaire, spécialement lorsqu'il s'agit de médicaments. — Un médicament ne peut être vendu en France que lorsque sa formule a été admise dans le *Codex* (3) ; les médicaments dont les formules ne sont pas dans le *Codex* sont des *remèdes secrets*, et, à ce titre, prohibés. Or, le médicament admis dans le *Codex* tombe dans le domaine public (4), puisque tous les pharmaciens peuvent le préparer.

(1) V. M. Lallier, *Propriété des noms*, n. 211.

(2) V. Cass., 14 mars 1881 (S. 1882. 1. 8.). *Adde* Pouillet, *Tr. des marques*, n. 384, et les autorités citées.

(3) Loi du 31 germinal an XI, art. 32.

(4) Décret du 3 mai 1850.

Cela étant, si le remède est désigné dans le *Codex* par les éléments qui le composent, (par exemple *graisse minérale boriquée, teinture d'iode, eau phéniquée*, etc.), ou par ses qualités médicales (par exemple, *pâte pectorale balsamique*), aucune difficulté ne peut s'élever. Mais lorsque le remède est désigné par le nom de son inventeur, on peut se demander si ce nom est ainsi à la disposition de tout le monde?

Nous pensons qu'on doit résoudre la question par une distinction : en principe, l'inventeur d'un médicament conserve la propriété de son nom (1) Mais si son nom s'identifie avec la chose, lorsque ce nom est devenu la *désignation nécessaire*, il tombe dans le domaine public; c'est ce qui est arrivé, par exemple, pour le produit médicinal connu sous le nom de *Rob Boyveau-Laffecteur* (2), pour la *Pâte Regnault* (3), etc., etc. Les raisons sont ici les mêmes que pour les produits brevetés ; la solution doit donc être identique.

CHAPITRE II

NOMS DE LOCALITÉS

49. — Le nom commercial peut consister en un nom de localité ; il s'applique alors à un produit déterminé, dont il indique ainsi l'origine. Il y a des localités

(1) V. Pouillet, *Tr. des marques*, n° 387 ; Bédarride, *Comm. des ois sur les brevets etc.*, n° 775 ; Pataille, observ., 50, 109.

(2) Cass., 29 mai 1861 (S. 1861, I, 851).

(3) Cass., 16 avril 1878 (S. 1879, I, 251).

qui, depuis longtemps, ont acquis une réputation à raison de certains produits soit naturels, soit fabriqués; les produits de ces localités ont ainsi, en quelque sorte, le nom patronymique de la localité d'origine.

Lorsqu'il s'agit d'un individu ou d'une société commerciale, exerçant un commerce, et qui, dans l'exercice de ce commerce, a, par la qualité des marchandises vendues ou fabriquées, acquis une grande réputation, le nom de ce commerçant (individu ou société), résume cette réputation et est pour lui l'objet d'un droit à l'abri des lois. Il en est de même ici ; mais ici, la protection légale s'attache au droit d'une région, au droit d'une agglomération de personnes habitant la même région, c'est, comme nous venons de le dire, leur nom patronymique. Et de même que ceux qui portent un nom patronymique ont, seuls, le droit de s'en servir, dans le commerce pour désigner leur établissement commercial, de même les habitants de la région, réputée par ses produits, ont, seuls, le droit de se servir du nom de cette région comme nom commercial.

Observons, d'autre part, que ce nom commercial n'a pas les mêmes caractères que celui qui appartient à un individu ou à une société (personne civile). Pour ces derniers, le nom commercial prend le caractère d'un bien dans le patrimoine, d'une valeur pécuniaire appréciable ; il n'en est pas de même pour le nom de la localité attaché à un produit.

50. — Il nous faut avant tout déterminer ce qu'on

entend par le *nom du lieu*. Nous trouvons une excellente formule à cet égard dans le *Traité des marques* de M. Pouillet, n° 396 : « Par nom de lieu il faut entendre non seulement les noms désignant une agglomération définie et géographiquement reconnue, » ville, bourg, hameau ou région, mais encore les » noms désignant une maison, un crû, un domaine, un » lieu-dit, tels que le *Clos-Vougeot*, le *Château-Latour*, la *Grande-Chartreuse*. »

Le droit de désigner un produit par le nom de la localité appartient évidemment à tous les habitants de cette localité ; ils y ont un droit égal (1), et fût-il vrai qu'un concurrent, d'abord établi ailleurs, soit venu s'établir dans la même localité qu'un rival d'industrie, en vue de lui faire une concurrence plus directe, il n'en faudrait pas moins reconnaître et consacrer son droit. La liberté de l'industrie le veut ainsi.

D'ailleurs, la jurisprudence se montre très libérale lorsqu'il s'agit d'apprécier *l'étendue* du lieu de fabrication et elle admet que le nom d'un lieu de fabrication peut être apposé sur les produits fabriqués non seulement dans la localité même, mais dans tout le rayon de fabrication auquel l'usage a étendu la même dénomination, et il en a été décidé ainsi spécialement de la dénomination de *Cognac*, qui désigne, dans l'usage, non seulement la ville qui porte ce nom, mais aussi

(1) V. Grenoble 11 février 1870 (S. 1870, 2.76), la note et le renvoi.

toute une région de fabrication qui s'étend jusqu'à la place de Bordeaux, et l'eau-de-vie fabriquée dans cette même région (1).

51. — Il arrive parfois que la fabrication d'un produit exige un concours de plusieurs opérations qui, toutes, ne sont pas exécutées dans le même endroit; peut-on désigner un tel produit par le nom d'une localité? Et si oui, quelle localité peut servir à dénommer le produit ?

C'est là évidemment une question de fait que les tribunaux auront à résoudre selon les circonstances (2). C'est ainsi qu'il a été décidé que la dénomination de *vin de Champagne* est indicative du lieu de production et de fabrication des vins spécialement connus sous cette qualification; en conséquence, des vins d'Anjou *Champanisés* ne peuvent pas être mis en vente sous le nom de *vin de Champagne* (3).

52. — Mais lorsqu'il s'agit d'un domaine privé, la situation change de face; le nom de ce domaine n'appartient qu'au propriétaire et nul autre ne peut s'en servir. Ainsi, le propriétaire d'un vignoble a seul le droit de se servir du nom de ce vignoble pour indiquer la provenance de son produit (4). Mais ce serait une

(1) *Sic* Bordeaux, 11 août 1886, rapporté sous Cass. 2 juill. 1888 (S. 1888, 1,361).

(2) *Sic* Bédarride, *Comm. des lois sur les brevets, etc.*, n. 787; Pouillet, *Tr. des marques*, n. 397.

(3) *Sic* Angers, 19 juill. 1887 (S. 1888, 2.209) et la note.

(4) Paris, 30 décembre 1854. (Pataille, 56.332.)

sorte d'abus, si l'on voyait dans ce nom simplement un nom de localité; il y a là un droit qui peut, suivant les circonstances, devenir un droit exclusif. Ainsi supposons que le propriétaire d'un vignoble, qui ne lui appartient pas en entier, ait donné aux vins récoltés le nom de ce vignoble; ces vins ayant acquis une réputation, le propriétaire de l'autre partie du vignoble peut-il se servir de cette dénomination? La Cour de Bordeaux a répondu négativement à cette question (1) par la raison, que ce nom est devenu la marque nominale de ce produit, que, appliquer ce nom à un produit récolté, il est vrai, sur le même sol, mais par les mains d'une autre personne, avec moins de soins peut-être, dans de moins bonnes conditions, serait permettre de confondre deux produits qui, bien que similaires, peuvent en réalité être différents.

Nous pensons que cette manière de voir est absolument juste (2).

53. — Lorsque deux localités ont le même nom, le droit des habitants de l'une n'exclut pas celui de l'autre; la Cour de Cassation, par analogie avec ce qui arrive en cas de personnes homonymes, décide que dans ce cas les tribunaux peuvent ordonner les mesures propres à éviter toute confusion (3); on peut, par

(1) Bordeaux, 30 novembre 1859 (Le Hir 61, 2.495).

(2) V. dans le même sens Cass. 21 juillet 1890. (S. 1891, 1.99).

(3) Cass. 18 mai 1892, fils de Th. Conseil, *Bull.* du 18 mai 1892. *Adde* dans le même sens Pouillet, *Tr. des marques*, n. 410 *bis*.

exemple, imposer l'indication du département, du cours d'eau sur lequel se trouve la ville, etc.

54. — De même que pour le nom patronymique, il peut arriver que le nom d'une localité soit devenu générique, et serve ainsi à désigner, non plus la provenance d'un produit, mais son genre de fabrication. C'est ce qui a eu lieu, par exemple, pour *l'eau de Cologne*, le *savon de Marseille*, etc.

Dans quel cas le nom de la localité sera-t-il ainsi tombé dans le domaine public, en quelque sorte ? C'est une question de fait que les juges auront à trancher. Remarquons simplement que cela arrive surtout pour les produits manufacturés ; les produits naturels, les produits du sol, au contraire, conservent d'une façon plus tenace la désignation du lieu de leur provenance. Il y a là une pure observation de fait qui peut ne pas être toujours vraie.

TITRE TROISIÈME

Cession du nom Commercial

CHAPITRE PREMIER

Cession pure et simple

55. — Le nom commercial a une valeur pécuniaire; il forme donc un actif dans le patrimoine du commerçant, qu'il lui est permis de réaliser.

Lorsque la cession du nom n'a pas un mobile illicite, ni pour but une concurrence déloyale, elle s'opère accessoirement à la cession d'un fonds de commerce (1). Un établissement commercial, connu sous un nom déterminé, étant cédé, il est tout naturel que le public soit prévenu que malgré le changement de propriétaire, l'établissement reste le même, avec les mêmes pro-

(1) V. Cass., 1er mars 1893 (S. 1893. I. 125).

cédés, avec les mêmes habitudes, avec les mêmes traditions qui ont fait jusque-là sa réputation.

56. — La possibilité de la cession du nom commercial, comme accessoire d'un fonds de commerce, ne fait doute pour personne. Si aucune difficulté n'a jamais été soulevée, lorsqu'il s'agissait d'une dénomination quelconque, on pourrait cependant être tenté de résister lorsque le nom commercial n'est autre chose que le nom patronymique de celui qui en est le propriétaire. Le successeur pourra-t-il donc s'appeler du nom de son prédécesseur?

Tel n'est pas le sens de la cession : Ce n'est pas le successeur qui prendra le nom de son prédécesseur; il conservera son nom. Mais l'établissement commercial, lui aussi, conservera le nom qu'il a eu jusque-là, et qui est le nom patronymique de celui qui l'a cédé.

57. — Lorsque, à l'occasion de la cession d'un fonds de commerce, on cède la propriété du nom commercial, aucun doute ne peut donc s'élever sur le droit de l'acquéreur. Mais ce dernier a-t-il le même droit, au cas où la cession du nom ne lui a pas été faite expressément? Ce point, bien qu'autrefois contesté, est aujourd'hui hors de doute : celui qui cède un établissement commercial cède en même temps (à moins de stipulation contraire) le nom commercial, le droit, si ce nom est le nom patronymique du vendeur, de se dire *successeur de*..... (1).

(1) V. Cass. 14 janvier 1845 (S. 1845. 1. 380); Caen 13 décem.

Tout ce que le vendeur pourrait faire à cet égard c'est d'exiger que l'acquéreur prenne des mesures pour qu'aucune confusion entre les deux personnes ne puisse se produire (1).

58. — Cela posé, il faut reconnaître que le successeur a exactement les mêmes droits que son vendeur: il peut céder l'établissement avec le nom commercial qu'il porte (2), et il peut interdire l'usage du même nom aux concurrents, exactement comme pouvait le faire son vendeur; spécialement, le vendeur ne pourrait pas fonder une maison rivale qui puisse être confondue avec la maison vendue, — ce vendeur violerait l'obligation de garantie de l'art. 1625 C. Civ., puisqu'il empêcherait son acquéreur de jouir paisiblement de la chose vendue (3).

Vis-à-vis des héritiers de son vendeur, il a le droit, s'ils fondent un établissement similaire de nature à lui faire concurrence, d'exiger que toute confusion entre les deux établissements soit évitée, et leur imposer, par exemple, l'obligation d'ajouter à leur nom en toutes lettres et d'une façon apparente le mot *fils* ou autre indication semblable (4).

1853 (S. 1854. 2. 288); Caen 23 février 1881 (S. 1881. 2. 133). — Rendu. *Tr. des marques* n. 518; Pouillet, *Tr. des marques*, n. 548; Lallier, *Prop. des noms*, n. 218; Ruben de Couder, *Dict.* v° *Fonds de commerce* n. 27.

(1) V. Pouillet, *Tr. des marques*, n. 552.

(2) *Sic*, Lallier, *Prop. des noms*, n. 218 in fine. — V. cep. en sens contraire Paris 5 nov. 1872 (Pataille, 73. 255).

(3) V. Trib. Comm. de la Seine 9 mars 1854 (Le Hir. 54. 2. 231); Pouillet, *Tr. des marques* n. 556.

(4) Grenoble 17 juin 1844, *Gaz. des trib.* du 14 octobre 1844; Pouillet, *Tr. des marques etc.* n. 557.

59. — Ce droit du cessionnaire n'est pourtant pas absolu. Il est admis, en effet, que la vente d'un fonds de commerce n'emporte pas, à moins d'une convention contraire, la cession de la propriété du nom commercial à perpétuité. L'acquéreur a seulement le droit, d'après les usages du commerce, de se servir du nom de son prédécesseur pendant un délai suffisant pour assurer la transmission de la clientèle. Après ce délai, les héritiers du vendeur sont fondés à revendiquer le nom de leur auteur, et à interdire l'abus que pourrait en faire un de ses successeurs, s'ils y ont un intérêt certain et appréciable (1).

60. — Nous avons supposé jusqu'ici que la cession de l'établissement commercial a eu lieu à l'amiable ; mais notre solution sera identiquement la même si l'on suppose une vente judiciaire : l'adjudicataire est un acheteur et il a les mêmes droits que lui. *Eadem ratio, idem jus* (2).

61. — Les mêmes solutions devront être données au cas où, au lieu d'un nom patronymique, il s'agit de la raison sociale d'une société en nom collectif. Donc, le successeur d'une société commerciale aura, à titre de

(1) *Sic*, Lyon 12 juin 1873, Rigollot, (S. 1874. 2. 246). *Adde* dans le même sens Gastambide, *Contref.* n. 467 ; Rendu, *Marques de fabr.* n. 418 ; Pouillet, *Tr. des marques etc.*, n. 558 ; Lyon-Caen et Renault, *Tr. de droit comm.* t. III, n. 274. — V. également Bordeaux 17 novembre 1873 (S. 1874. 2. 145), et la note de M. Lyon-Caen.

(2) V. Paris 9 octobre 1862, (Pataille 62. 413) ; Bédarride, *Tr. des lois sur les brevets* n. 753 ; Pouillet, *Tr. des marques etc.* n. 572.

successeur, la propriété de la raison sociale. Mais en cas de liquidation de la société, la question pourrait se poser de savoir lequel des associés a droit au titre de successeur. Il y a là une question dont la solution peut varier avec les faits de la cause; le plus sage serait de s'en remettre aux tribunaux si l'acte social est muet sur ce point (1).

62. Mais le successeur, propriétaire du nom commercial de son prédécesseur, peut-il faire apport de ce nom dans une société en nom collectif et le faire figurer dans la raison sociale? Par arrêt, en date du 17 novembre 1873, la cour de Bordeaux (2) a répondu négativement à cette question, en s'appuyant sur l'art. 21 du Code de Commerce, aux termes duquel, les noms des associés seuls peuvent figurer dans la raison sociale d'une société en nom collectif. Cette décision est trop absolue. Ainsi que le fait remarquer M. Lyon-Caen en note sous l'arrêt précité, cette solution aboutirait, en pratique, à l'impossibilité de la cession d'un fonds à une société en nom collectif; et quant à l'art. 21 du Code de Commerce, il dit simplement que des personnes étrangères à la société ne peuvent pas lui prêter le concours de leur nom, et s'ils le font ils peuvent s'exposer à certaines responsabilités, mais cet article ne tranche pas notre question (3). — Tout ce que nous pouvons con-

(1) *Sic* Pouillet, *Tr. des marques*, etc., n. 560, et les autorités citées.

(2) S. 1874. 1. 145.

(3) *Adde* dans le même sens Lallier, *Propriété des noms*, n. 221.

céder c'est qu'il faudrait, dans le cas où une pareille convention aurait lieu, qu'il apparût bien nettement au public, que c'est le fonds de commerce avec son nom qui est apporté dans la société, que ce n'est pas celui dont c'est le nom patronymique qui y entre ; il serait dangereux que le crédit de la société se trouvât accru par l'apparence de la présence dans son sein d'une personne morte peut-être, et qui en tout cas lui est complètement étrangère.

63. — Lorsqu'un fonds de commerce a appartenu à la communauté ayant existé entre deux époux, si, par suite d'une adjudication, après la dissolution de la communauté survenue comme conséquence d'une séparation de corps, c'est la femme qui s'en est rendue adjudicataire, celle-ci a le droit de conserver le nom du mari à titre de nom commercial, en le faisant d'ailleurs précéder de l'indication *Madame* (1).

Il en sera de même de la femme veuve ou divorcée.

64. — Mais si la veuve ou la femme divorcée — qui exerce un commerce à titre de *successeur* et par conséquent ayant comme nom commercial le nom patronymique de son ancien mari — se remarie, conserve-t-elle le droit à ce nom à titre de nom commercial ?

Nous posons la question parce qu'elle a été soulevée, mais la solution affirmative ne saurait faire de doute pour nous (2). Il y a là pour la femme une valeur ac-

(1) *Sic*, Caen, 20 janvier 1860 (S. 1861, 2,73).

(2) V. en ce sens Nancy, 22 février 1859. (Le Hir 61, 2.226);

tive dans son patrimoine, valeur acquise, par hypothèse, à titre onéreux — et il en serait de même si elle l'avait acquise à titre gratuit — et qu'on ne pourrait lui enlever sans lui causer le plus grave préjudice; ce serait donc un acte contraire à tout droit (1).

CHAPITRE II

INTERDICTION DE SE RÉTABLIR

65. — La cession d'un établissement commercial, avec, comme accessoire, le nom commercial, impose, ainsi que nous l'avons vu plus haut, au cédant l'obligation de s'abstenir de tout acte de nature à troubler le cessionnaire dans sa paisible possession ; c'est là l'obligation de garantie de l'article 1625 C. Civ.

Cette obligation emporte-t-elle pour le successeur interdiction de se rétablir ?

C'est un point aujourd'hui hors de contestation, que le principe de la liberté du commerce et de l'industrie, établi par la loi des 2-17 mars 1791, met obstacle à une interdiction absolue pour une personne d'exercer tel commerce ou telle industrie (2). Il en résulte que la clause d'une convention portant interdiction absolue de se rétablir est nulle. Cette interdiction n'est possible que

Trib. Civ. de la Seine, 9 août 1864 (Pataille 66.31); Paris, 29 mars 1890 (Pataille 90.320). — *Adde* Pouillet, *Tr. des marques*, n. 574.

(1) Comparez *supra* n° 27.

(2) *Adde* C. Civ. art. 1780.

si elle cesse d'être absolue, si elle est limitée soit quant au temps, soit quant au lieu (1). Lorsqu'il s'agit de la vente d'un fonds de commerce, l'interdiction de se rétablir est possible dans les mêmes limites (2).

La question que nous nous posons est donc de savoir si, en l'absence de toute stipulation dans l'acte de vente, l'obligation de garantie de l'art. 1625 C. Civ. emporte virtuellement l'interdiction de se rétablir. La jurisprudence, longtemps indécise, est aujourd'hui fixée en ce sens que la vente d'un fonds de commerce avec la clientèle et l'achalandage emporte virtuellement, même en l'absence d'aucune stipulation formelle, l'interdiction de se rétablir avec les restrictions que nous venons de préciser (3) ; la Cour de Cassation décide en effet qu'en cas de vente d'un fonds de commerce, sans stipulation expresse portant interdiction de se rétablir, les juges du fait peuvent l'induire de l'intention présumée des parties contractantes, jointe au principe de la garantie (4). — La doctrine a ratifié cette jurisprudence, en ce sens qu'elle admet généralement que la vente d'un fonds de commerce emporte interdiction limitée de se rétablir (5).

66. — Quelle va être, pour le vendeur, l'influence

(1) V. Toulouse, 22 août 1882 (S. 1883, 2, 64).

(2) V. Amiens, 14 avril 1883 (S. 1883, 2, 174) ; Paris, 28 mai 1895 (S. 1896, 2, 234).

(3) V. Alger, 24 avril 1878 (S. 1878, 2, 243).

(4) V. Cass., 16 mars 1886 (S. 1886, 1, 296).

(5) V. Pouillet, *Tr. des marques*, n° 581 ; Blanc, *Tr. des contref.*, p. 724 ; Lyon-Caen et Renault, *Tr. de dr. comm.*, T. III, n° 247.

de cette interdiction de se rétablir sur le droit qu'il a de se servir de son nom? Nous résolvons cette question par une distinction : ou bien la vente contient interdiction pour le vendeur d'entreprendre à nouveau un commerce similaire, ou bien elle ne stipule pas cette interdiction.

Dans le premier cas, il semble que la question du nom devienne sans intérêt, puisque l'interdiction de se rétablir dans un commerce similaire met le vendeur dans l'impossibilité de profiter de son nom et de la notoriété qu'il pouvait avoir acquise. D'ailleurs le contrat doit être loyalement exécuté, et si, comme cela arrive fréquemment en pratique, le nom s'identifie aux yeux du public si complètement avec l'établissement commercial lui-même qu'on doive considérer la défense de se servir de ce nom comme le seul moyen d'empêcher une rivalité abusive et une violation de la loi du contrat (C. Civ. 1134), les juges ont le droit d'imposer cette défense (1).

Dans le second cas, c'est-à-dire quand l'interdiction de se rétablir n'a pas été stipulée, on ne se trouve plus en face d'un engagement formellement pris, mais des règles générales de la garantie et de celles qui inter-

(1) *Sic.* Cass. 21 juillet 1891, John Arthur (S. 1891, I. 377). — Observons que dans l'espèce qui a motivé cet arrêt, il n'y avait, en fait, aucune stipulation d'interdiction de se rétablir; mais la Cour de Paris a décidé que cette interdiction résultait de l'intention commune des parties contractantes. La Cour de Cassation a considéré cette appréciation comme souveraine, et a traité cette espèce comme si l'interdiction de se rétablir avait été expresse.

disent la concurrence déloyale, comme aussi des principes qui consacrent la propriété du nom et la liberté du commerce et de l'industrie. Les pouvoirs des tribunaux dans cette dernière hypothèse, vont-ils encore jusqu'à leur permettre d'imposer au vendeur l'interdiction de se rétablir sous son nom en un commerce similaire? Nous croyons que c'est une question de fait et de circonstances, et que, si l'interdiction d'entreprendre sous son nom un commerce de même nature doit être plus difficilement ordonnée, au cas de non stipulation de rétablissement du vendeur, il peut cependant se produire telles circonstances qui autorisent le juge à l'imposer. En définitive, il n'est pas admissible qu'on aboutisse à ce que le cédant n'ait rien cédé, et que après avoir touché le prix, il reprenne en réalité la chose vendue.

67. — L'interdiction de se rétablir existe-t-elle en cas de vente forcée?

L'interdiction de se rétablir est une exception au principe d'ordre public, de la liberté du commerce et de l'industrie; elle n'est licite que dans certaines limites, que dans une mesure restreinte et sous la condition qu'elle ait été stipulée expressément ou qu'elle puisse s'induire de la commune intention des parties contractantes. On serait donc tenté de dire, qu'en cas de vente forcée, il n'en est pas ainsi, car cette vente n'est pas le résultat d'une volonté exprimée. Qu'un homme puisse volontairement restreindre sa liberté et circonscrire le cercle de son activité, cela se conçoit ; il est maître de ses actions et juge de ses intérêts. Mais comment admettre que la rigueur du sort, le seul effet des circonstances puissent lui imposer une obligation aussi lourde que l'interdiction de se rétablir ?

Et pourtant la solution qui a prévalu est en faveur de l'interdiction. C'est que, en cas de vente forcée, les créanciers exercent les droits de leur débiteur, représentent leur débiteur ; spécialement, en cas de faillite le syndic qui procède à la vente du fonds de commerce du failli représente ce dernier (1). L'acquéreur, comme le dit M. Pouillet (2), est « devenu *par la force des choses* son successeur ». Il faut donc admettre l'interdiction de se rétablir à la charge du failli, dans la mesure où elle lui est imposée par l'obligation de garantie ; c'est dans la même mesure qu'il lui sera interdit de faire usage de son nom (3).

Si cette solution semble rigoureuse, remarquons

(1) V. Cass. 21 juillet 1891 (S. 1891. 1. 377) ; Alger 24 juillet 1878 (S. 1878. 2. 243). — Notons ici un arrêt de la Cour d'Amiens du 30 avril 1875 (S. 1875. 2. 213) qui décide, que dans le cas de vente du fonds de commerce d'un failli, les créanciers, dans l'intérêt collectif desquels la vente est faite et le prix réalisé, pour être ultérieurement réparti au prorata de leurs créances, sont tenus indivisément de l'obligation qui dérive du contrat ; et, par suite, il y a lieu d'ordonner la fermeture d'un fonds de commerce similaire ouvert par *l'un des créanciers* à proximité du fonds vendu, alors surtout qu'il emploie la femme du failli comme gérante. — Il nous semble que la Cours d'Amiens a été un peu loin dans la répression de la concurrence déloyale.

(2) *Tr. des marques*, etc., n° 601.

(3) V. Cass. 21 juillet 1891 (S. 1891. I. 377).

qu'elle est nécessaire; car elle est l'application des principes: d'ailleurs, il y a des circonstances où le fonds de commerce, vendu à la requête des créanciers, perdrait toute sa valeur si le failli, revenu à meilleure fortune, pouvait se rétablir et faire ainsi une concurrence déloyale directe à l'acquéreur. On peut voir un exemple précisément dans l'espèce de l'arrêt du 21 juil-et 1891 (Aff. J. Arthur), cité plus haut.

TITRE QUATRIÈME

Poursuite

68. — Nous avons passé en revue les diverses hypothèses dans lesquelles une personne peut revendiquer la propriété d'un nom commercial. Ce droit étant reconnu, il doit être respecté. En conséquence, tous ceux qui y porteront atteinte, commettront un acte illicite qui exposera plus ou moins gravement la responsabilité de son auteur.

L'atteinte à la propriété du nom rend évidemment son auteur passible d'une action en dommages-intérêts en vertu de l'art. 1382 C. civil. Mais dans certains cas, cette atteinte constitue un délit correctionnel, prévu et puni par la loi du 28 juillet 1824 et l'art. 423 C. pén. Il est bien évident que dans les deux cas l'action de la victime du fait dommageable est la même, c'est une action en dommages-intérêts, une action civile ; dans le cas où l'acte dommageable constitue un délit, il y a lieu, en plus, à l'exercice de l'action publique.

Observons que l'exercice, soit de l'action civile, soit de l'action publique, n'est subordonné à aucune formalité préliminaire de dépôt, comme, par exemple, ne matière de marques de fabriques. « On comprend le » dépôt d'une marque conventionnelle, dit M. Pouil-» let (1), le dépôt, en ce cas, a pour effet d'empêcher » les imitations involontaires et de prévenir les ren-» contres fortuites ; on ne comprend pas le dépôt d'un » nom. A quoi servirait-il? L'imitation du nom peut-» elle être involontaire? L'imitateur peut-il ignorer que » le nom qu'il imite n'est pas le sien (2)? »

Nous allons examiner successivement les deux actions qui naissent de l'atteinte portée au nom commercial : l'action civile et l'action publique.

CHAPITRE I.

ACTION CIVILE.

---

69. — **A qui appartient l'exercice de l'action civile?** — L'exercice de l'action civile appartient au propriétaire du nom commercial aux droits duquel on a

(1) *Tr. des marques, etc.* n. 435.
(2) *Adde* dans le même sens, M. Gastambide. *Contref.* n. 450.

porté atteinte. Peu importe, qu'il s'agisse d'une personne réelle ou d'une personne civile, cela est de toute évidence.

Lorsque l'acte illicite consiste en l'usurpation d'un nom de localité, de contrée, de ville ou de région, l'exercice de l'action appartient à tout individu exerçant, dans cette localité, le commerce ou l'industrie dont il s'agit (1) ; elle peut être exercée individuellement ou bien collectivement, au cas où les fabricants d'une région se seraient institués en syndicat professionnel (2), puisque les syndicats professionnels constituent des personnes morales. Mais en dehors de cette hypothèse, le droit reste individuel. « Sans doute, dit » M. Pouillet (3), tous les fabricants de la ville ou de la » contrée auxquels l'usurpation porte dommage, peu» vent se réunir dans une même poursuite, c'est-à-dire » poursuivre ensemble et conjointement, mais en réa» lité il y a autant de poursuites distinctes que de pour» suivants. Un seul ou un certain nombre, délégués et » choisis par leurs confrères, ne pourraient faire le » procès au nom de tous, au nom de la ville, au nom » de la contrée. C'est l'application de cette règle que » nul, en France, ne plaide par procureur. Il n'y au» rait rien que de régulier à ce que, l'un des fabricants » ayant seul au début engagé l'action, les autres vins-

(1) V. Cass., 12 juillet 1845 (S. 45. 1. 842).

(2) *Sic*, Pouillet, *Tr. des marques*, n. 436 et 693.

(3) *Ibid.*, n. 438.

» sent ensuite se joindre à lui, en intervenant eux-
» mêmes au procès; ils pourraient encore se porter
» parties civiles dans une instance correctionnelle in-
» troduite à la requête du ministère public. »

Un concurrent qui n'habite pas la localité n'a aucun droit de poursuite. Il s'agit, en effet, ici, d'une atteinte portée aux droits des autres fabricants, et non pas à ses droits à lui (1).

Une autre personne qui pourrait se plaindre, c'est le consommateur ; son droit est certain, il a été lésé par une tromperie sur la qualité de la marchandise (2).

70.— **Contre qui l'action est-elle exercée?**— Evidemment l'action est donnée contre l'auteur du fait illicite et contre tous ceux qui l'ont assisté en connaissance de cause. C'est l'application des principes généraux.

On se pose ici une question intéressante : Que décider si le défendeur est de bonne foi? On répond, que l'absence de fraude laisse subsister le préjudice, que, par conséquent, l'action civile subsiste puisqu'elle tend uniquement à réparer ce préjudice.

Nous avouons ne pas comprendre la question ainsi posée. La bonne foi exclut le caractère délictuel du fait; c'est entendu. Mais pour l'action civile, en cas de concurrence déloyale, comment peut-on parler de *bonne foi* en présence d'une concurrence *déloyale?*

(1) *Sic*, Pouillet, *Tr. des marques*, n. 437.

(2) Bédarride, *Comm. des lois sur les brevets, etc.*, n. 475; Pouillet, *Tr. des marques, etc.*, n. 436.

La question, croyons-nous, est mal posée. L'on suppose, en effet, deux industriels, homonymes, ayant, par conséquent, le même droit, ou plutôt des droits identiques, et les exerçant de bonne foi et sans fraude; la confusion s'est produite, et avec elle un dommage. Il est évident que, dans ce cas, chacun des deux fabricants a le droit d'exiger que cette confusion cesse. La résistance de la part de chacun de ces concurrents, et le refus de prendre des mesures pour éviter la confusion, est un tort, c'est entendu, mais est-ce une concurrence déloyale? Non, évidemment : le tribunal peut imposer des changements dans le nom commercial à l'un des deux concurrents pour éviter la confusion, dire qu'il a engagé sa responsabilité par une résistance inopportune; mais, encore une fois, ce dernier ne sera pas condamné pour atteinte au nom de son concurrent (1). Dans ce cas le tribunal pourra même, selon les circonstances, prononcer une condamnation à des dommages et intérêts.

71. — **Compétence**. — L'atteinte à la propriété du nom commercial se consomme nécessairement par un acte de commerce; l'action est donc de la compétence du tribunal de commerce (2), lorsqu'elle est exercée seule et indépendamment de l'action publique.

Aux termes de l'art. 16 de la loi du 23 juin 1857, sur

(1) Comp. en ce sens Pataille, observ. 70,159.

(2) V. Pataille, observ. 55,44 ; *Pouillet, Tr. des marques, etc.* n. 666, en sens contraire, Blanc, *Contref.* p. 743.

les marques de fabrique, « les actions relatives aux » marques sont portées devant les tribunaux civils » ; s'ensuit-il que toutes les fois que l'atteinte au nom commercial se complique d'une imitation de marque, le tribunal civil soit nécessairement compétent? Nullement. Les arrêts établissent à cet égard une distinction : Si le tribunal civil est seul compétent pour juger des actions relatives à la propriété des marques, c'est lorsqu'il s'agit d'une action directe en revendication de cette marque ; mais il en est autrement lorsque l'emploi de la marque n'est que l'un des éléments d'une concurrence déloyale, en ce cas la compétence du tribunal de commerce ne saurait être contestée (1).

Le tribunal compétent sera celui du domicile du défendeur.

72. — **Procédure. — Preuve.** — La procédure à suivre est régie par les règles ordinaires du Code de Procédure ; aucune disposition spéciale n'oblige à introduire l'action dans un délai déterminé, comme il est exigé, par exemple, pour les actions en contrefaçon de brevets ou de marques.

Quant à la preuve, elle sera facile à faire : il suffira de produire soit les marchandises dont l'aspect fait confusion, soit les prospectus, circulaires ou factures du défendeur. Parfois, un constat d'huissier sera très utile; cependant, on a objecté que l'huissier, agissant à la requête et dans l'intérêt de son client, était un té-

(1) V. Paris, 19 février 1859 (Pataille 59,95).

moin suspect, et il a été jugé que le constat ne fait pas nécessairement preuve au profit de celui qui l'a requis (1). Rien ne s'oppose, dans ce cas, à ce que l'huissier procède en vertu d'un ordre de justice; il suffira de présenter une requête au Président du tribunal qui donnera mission à un huissier commis pour constater les faits exposés dans la requête (2); les constats auront alors tout le caractère d'impartialité nécessaire.

Notons qu'il a été jugé que la saisie, permise en matière de contrefaçon, ne l'est pas ici (3).

73. — **Jugement.** — Le tribunal, si la demande est fondée, ordonnera tout d'abord que le fait qui a causé l'action en justice disparaisse ; il ordonnera donc les changements dans le nom, ou prononcera l'interdiction de s'en servir, suivant les distinctions que nous avons établies plus haut.

Pour le dommage causé, il condamnera à une somme d'argent, qu'il fixera suivant les éléments de la cause ; le demandeur obtiendra ainsi réparation du préjudice causé. — Mais le tribunal peut-il statuer sur le préjudice à venir ?

La question est controversée en jurisprudence : certains arrêts ont décidé que le tribunal saisi ne peut statuer sur un fait qui n'a pas encore été commis, puisqu'il ne peut en apprécier ni la gravité ni la portée (4) ;

(1) V. Paris, 21 novembre 1890, Picon et Cie. (Pataille 93.263).
(2) *Sic*, Pouillet, *Tr. des marques*, n° 674.
(3) Nancy, 7 juillet 1855 (S. 1855, 2.581).
(4) V. en ce sens Aix, 25 février 1847 (Dalloz, 1847, 2.85) ;

d'autres arrêts, au contraire, reconnaissent au tribunal le pouvoir de fixer une somme pour chaque contravention à venir; cette fixation a le caractère d'une astreinte (1).

Le tribunal peut en outre ordonner l'affichage et l'insertion du jugement dans des journaux; il y a là un supplément de dommages-intérêts, et un mode de réparation très efficace.

Il a été jugé en outre que les tribunaux de commerce ont le droit d'ordonner les mesures propres à empêcher la continuation et le renouvellement de la fraude, et notamment la confiscation des marchandises fabriquées (2) et la destruction des étiquettes incriminées (3).

CHAPITRE II

ACTION PUBLIQUE

74. — L'action publique est exercée par le ministère public devant les tribunanx répressifs; dans notre cas spécial, l'action sera portée devant le tribunal correctionnel du lieu où le délit aura été commis, ou devant le tribunal du domicile du défendeur.

L'exercice de l'action publique n'est subordonné à

Paris, 4 décembre 1841 (Dall. 1842.2.61); Paris, 14 janvier 1862 (Pataille, 62.203).

(1) Cass. 6 juin 1859 (Pataille, 59.214); Cass. 5 juillet 1865 (S. 1865, 1.441).

(2) Paris, 9 mars 1854, Heidsieck (Le Hir, 54. 2. 585). *Adde* Pouillet, *Traité des marques*, n° 684.

(3) Pouillet, n. 444.

aucune condition spéciale, notamment au dépôt préalable d'une plainte de la partie lésée (1).

Dans quels cas peut-elle être exercée? Cela revient à se demander dans quels cas il y a délit? Pour cela on n'a qu'à se reporter au texte de l'art. premier de la loi du 26 juillet 1824 :

« Quiconque aura, soit *opposé*, soit fait apparaître, » par addition, retranchement, ou par une *altération* » quelconque, sur des objets *fabriqués*, le nom... etc. »

Examinons les divers cas dans lesquels il y a délit, c'est-à-dire droit d'action pour le ministère public.

75. — **Apposition de nom.** — Pour qu'il y ait délit, il faut que le nom soit apposé sur le produit fabriqué ; donc l'emploi du nom sous une autre forme que celle de l'apposition sur des objets fabriqués, par exemple, sous forme de prospectus, d'annonces, de réclames ou sous forme d'enseigne, ne constituerait pas le délit, — il n'y aurait là qu'un acte de concurrence déloyale, dommageable, donnant ouverture à l'action en réparation, mais non pas délit dans le sens de la loi pénale, de 1824 (2).

Mais cela ne veut pas dire qu'il faille, pour que le délit existe, que le nom soit directement apposé sur l'objet, et s'y soit incorporé ; il suffit que le nom soit sur l'enveloppe, la boîte, le sac, le flacon ou l'étiquette. Autrement, il n'y aurait jamais délit, s'il s'agissait d'un

(1) V. Cassation 18 novembre 1876 (Sirey 1878. 1. 89.)

(2) *Sic*, Rendu n. 397; Gastambide n. 462; Pouillet n. 412.

produit liquide ou destiné à être vendu en pâte, en grains ou d'une dimension si petite, d'une forme si particulière qu'il fût impossible d'y apposer directement le nom (1). Rien dans la loi de 1824, ni dans les travaux préparatoires de cette loi n'autorise à penser, que le législateur ait voulu laisser ces faits impunis ; d'ailleurs, la loi considère comme délit le fait d'avoir fait *apparaître* le nom, expression qui est assez vaste pour comprendre les cas que nous venons d'énumérer.

MM. Pouillet (2) et Calmels (n. 123) font remarquer, avec raison, que la loi atteint également l'apposition de nom, qui aurait lieu, non sur l'objet, mais sur un de ses accessoires ; « par exemple, dit M. Pouillet, un tailleur qui mettrait à un pantalon de sa confection des boutons portant le nom d'un autre tailleur » ; ou si un carrossier dans la fabrication de ses voitures employait des écrous ou chapeaux d'essieux sur lesquels serait inscrit le nom d'un concurrent (3).

76. — D'ailleurs, il n'est pas nécessaire que l'imitation du nom soit identique. « S'il suffisait, dit M. Bédarride (4), d'estropier plus ou moins un nom pour » se mettre à l'abri des prohibitions prononcées par la » loi, pour échapper à toute réparation, à toute peine, » cette loi ne serait bientôt plus qu'une lettre morte, et

(1) *Sic*, Bédarride n. 782 ; Pouillet n. 413 ; Rendu n. 398 ; Gastambide n. 401.

(2) *Ubi supra*.

(3) *Sic*, Paris 6 mars 1878, Pronat (Pataille 78. 332).

(4) *Tr. des lois sur les brevets*, etc., n. 778.

» la concurrence la plus scandaleuse n'aurait plus de » bornes (1). »

77.—Lorsque nous avons examiné le nom commercial apposé sur des produits brevetés, nous avons décidé que l'expiration du brevet n'a pas nécessairement pour conséquence de faire tomber le nom dans le domaine public (*suprà*, n. 47); nous allons nous demander maintenant si, au cas où le nom n'est pas tombé dans le domaine public, le fait d'apposer sur un produit anciennement breveté, le nom de l'inventeur, avec la mention *façon de.....*, *système de.....*, etc., tombe sous le coup de la loi de 1824.

La question est controversée. Nous pensons qu'il y a là un fait illicite, puni par la loi de 1824. En effet, l'art. 17 de la loi de germinal an XI sur les marques de fabrique était ainsi conçu : « La marque sera consi» dérée contrefaite quand on y aura inséré les mots » *façon de* ... et à la suite le nom d'un autre fabricant » ou d'une autre ville. » Or, la loi de germinal n'a pas été abrogée sur ce point par la loi de 1824 ; l'art. 2 de cette loi n'a eu pour but que de modifier la peine et non pas de supprimer le délit (2).

(1) V. dans le même sens Pouillet, *Tr. des marques*, etc., n. 414; Gastambide, *Contref.*, n. 456.

(2) V. dans le sens de notre opinion Cass. 24 décembre 1855, Bricard (Pataille 56. 18); Cass. 15 mars 1864, Gage (Pataille 65. 394) ; Paris, 12 janvier 1874, Liebig et Cie (Pataille 74. 83). — V. en sens contraire Bordeaux, 6 février 1873, Torchon (Pataille 77. 226); Paris, 14 mai 1876, Pauliac (Pataille 78. 243); Paris, 28 mars 1878, Leroux (Pataille 78. 239).

78. — Observons qu'il ne saurait y avoir délit d'usurpation de nom de la part de celui qui porte réellement le nom apposé, alors même que l'apposition du nom constituerait une concurrence déloyale (1) ; et d'une façon générale il n'y a délit dans le sens de la loi de 1824 que tout autant que celui qui s'est servi d'un nom n'a aucun droit sur le nom apposé : il a été jugé spécialement que le fabricant qui justifie qu'il est propriétaire d'un immeuble connu, de tout temps, sous le nom de *la Petite Chartreuse* ne saurait être poursuivi correctionnellement, pour avoir appliqué sur ce sproduits ce nom, qui est le vrai nom du lieu où il fait sa fabrication (2).

79. — **Altération.** — La loi punit toute altération (*altérationquelconque*) sur des objets fabriqués par *addition* ou *retranchement*. Ces mots ont été ajoutés par la commission de la Chambre des Députés, afin qu'il fût bien entendu, qu'on entendait frapper toute fraude se manifestant par des indications (soit ajoutées, soit supprimées) dans le but de produire une confusion. « On a vu, disait le rapporteur, des draps ori-
» ginairement marqués de tel domicile *près* Louviers,
» ou *rue* de Louviers, ou *à l'instar de Sedan*, ou
» *filature de Sedan;* et des marchands, se rendant,
» par une de ces additions, complices de la simulation

(1) Sic Pouillet, n. 414.

(2) Trib. comm. de la Seine, 29 janvier 1879, Detang (Pataille, 79.913).

» ainsi préparée, couper sur le chef les mots *près de*, » *rue de, à l'instar de*, en faire par ces retranche» ments des draps de Louviers ou de Sedan, et les » vendre pour tels. »

80. — **Objets fabriqués.** — La loi de 1824 protège contre toute usurpation le nom du fabricant. Mais il arrive souvent que des personnes qui ne se livrent à aucun acte de fabrication, qui se bornent à débiter des produits fabriqués par d'autres, et à servir ainsi d'intermédiaires entre les producteurs et les consommateurs, apposent leur nom sur les marchandises qu'elles débitent. Les noms des simples débitants ou intermédiaires ne sont pas protégés comme ceux des *fabricants* par la loi de 1824. L'usurpation de ces noms n'est pas un délit correctionnel, en conséquence elle ne peut être considérée que comme un fait de concurrence déloyale donnant naissance à une action civile en dommages-intérêts en vertu de l'art. 1382 C. Civ. La raison en est d'abord que la loi de 1824 ne parle que des fabricants ; dans les travaux préparatoires, il n'a été question que de fabricants, de manufacturiers ; la loi n'a donc pensé qu'au fabricant et non pas au simple commerçant. Or, nous nous trouvons en présence d'une loi pénale, et l'on connaît l'adage *poenalia non sund extendenda*. La jurisprudence et la doctrine sont fixées en ce sens (1).

(1) Orléans 20 février 1882 Chauchard (S. 1882. 2. 193). — *Adde* la note de M. Lyon-Caen, sous l'arrêt de la Cour d'Orléans ; Rendu,

81. — Les *produits agricoles* sont-ils compris parmi les produits protégés par la loi de 1824? M. Rendu (n. 400) et M. Pouillet (n. 424) admettent l'affirmative ; M. Calmels (n. 123) et M. Bédarride préfèrent la négative, parce que, disent-ils, les expressions *objets fabriqués* ne peuvent pas s'appliquer aux produits du sol. En jurisprudence, la question semble être résolue suivant les espèces; ainsi, il a été décidé que le *vin* est un *objet fabriqué*(1), que si le *café* n'est pas à proprement parler un objet fabriqué, il peut le devenir, s'il s'agit d'une espèce déterminée qui n'est qu'un mélange fait, habilement et avec soin, de cafés de plusieurs provenances (2) etc., etc.

En réalité, depuis la convention d'Union du 20 mars 1883, la question a beaucoup perdu de son importance. L'article premier du protocole de clôture s'exprime en effet ainsi : « Les mots *propriété industrielle* doi- » vent être entendus dans leur acception la plus large, » en ce sens qu'ils s'appliquent non seulement aux » produits de l'industrie proprement dite, mais encore » aux produits de l'agriculture (vins, grains, fruits, » bestiaux, etc.) et aux produits minéraux livrés au » commerce (eaux minérales, etc.)». Cette convention

n. 399; Pouillet, n. 423.— M. Pouillet avait d'abord admis une opinion opposée; mais dans la dernière édition de son ouvrage (1898) sur les marques, il se rallie à l'opinion générale.

(1) Cass. 8 juin 1847, Rieunègre (*Journal du Palais*, 1847. 2. 100).

(2) V. Paris, 23 juillet 1887, Potin (Pataille 88. 99).

a force de loi en France ; par conséquent, même si on admettait qu'en 1824, on n'a pas entendu comprendre les produits agricoles dans l'expression *objets fabriqués*, il faut dire qu'aujourd'hui ces produits y sont compris, que par conséquent la loi du 28 juillet 1824 se trouve sur ce point modifiée (1).

82. — **Mise en vente.** — Le deuxième alinéa de l'art. premier de la loi de 1824 punit « tout marchand, commissionnaire ou débitant, qui aura *sciemment exposé en vente*. .. »

La mauvaise foi est une condition essentielle du délit, c'est le droit commun. Observons avec M. Bédarride (n° 722) que si l'excuse de bonne foi se comprend pour le marchand qui tient la marchandise de deuxième ou troisième main, elle est difficilement admissible de la part de celui qui a directement traité avec le fabricant et qui, par suite, reçoit et accepte des produits portant un nom autre que celui de son vendeur, indiquant un lieu de fabrication autre que celui où ce vendeur a son établissement (2). La jurisprudence, dans de nombreuses espèces, a adopté cette manière de voir (3).

L'exposition en vente comprend évidemment la vente même ; d'ailleurs la loi parle du *marchand*. Pour le

(1) *Sic*, Pouillet, n. 424 *bis*.

(2) V. dans le même sens Pouillet, n° 433.

(3) V. à titre d'exemple, Paris, 25 avril 1879, Singer (Pataille, 79, 120.

cas improbable du doute, cet argument suffirait à enlever toute hésitation. Observons que la vente de ces objets est un délit, quel que soit le lieu de la fabrication, notamment si l'objet a été fabriqué à l'étranger (1).

83. — **Mise en circulation.** — On s'est demandé si la loi de 1824 punissait l'introduction en France des objets marqués de noms supposés ou altérés, alors que ces marchandises ne sont pas destinées à y rester, mais doivent simplement la traverser en transit. Nous supposons bien entendu qu'il s'agit d'usurpation ou d'altération de noms de fabricants français.

La question ainsi posée est par là même résolue. La loi de 1824 a pour but de protéger l'industrie française et son bon renom à l'étranger, il semble donc difficile d'admettre qu'elle ait laissé des faits semblables en dehors de ses prévisions. C'est en ce sens que s'est prononcée la jurisprudence (2), ainsi que la généralité des auteurs (3).

D'ailleurs la loi du 11 janvier 1892 relative à l'établissement du tarif général des douanes, viendrait enlever tout doute à cet égard à ceux qui auraient pu en conserver; l'art. 15 de cette loi est, en effet, ainsi conçu : « Sont prohibés à l'entrée, exclus de l'entrepôt, du transit et de la circulation, tous produits étrangers,

(1) V. Pouillet, n° 428.

(2) V. notamment Cass. 7 déc. 1854, Gaupillat (Pataille 56.209); Cass. 27 février 1880, Crocius (Pataille, 80.179).

(3) V. notamment Bédarride n. 772; Pouillet n. 429; Dalloz, note 55, 1.348.

naturels ou fabriqués, portant, soit sur eux-mêmes, soit sur des emballages, caisses, ballots, enveloppes, bandes ou étiquettes, etc., une marque de fabrique ou de commerce, un nom, un signe ou une indication quelconque de nature à faire croire qu'ils ont été fabriqués en France ou qu'ils sont d'origine française.

» Cette disposition s'applique également aux produits étrangers, fabriqués ou naturels, obtenus dans une localité de même nom qu'une localité française qui ne porteront pas, en même temps que le nom de cette localité, le nom du pays d'origine et la mention « *importé* » en caractères manifestement apparents... »

84. — **Complicité.** — Les délits de mise en vente et de mise en circulation que nous venons d'examiner ne sont en somme que des actes de complicité commis par les marchands. On s'est demandé si, en dehors de ces cas prévus *in terminis* par la loi de 1824, il y a encore d'autres hypothèses de complicité. M. Bédarride (n. 271) ne le pense pas. Nous préférons, avec M. Pouillet (n. 431) l'avis contraire. Les articles 59 et 60 du C. Pén. formulent le droit commun en matière de complicité; or, il n'y a aucune bonne raison pour que dans cette matière, l'on exclue l'application du droit commun.

85. — **Tentative.** — Nous sommes en matière de délits correctionnels ; or, aux termes de l'art. 3 du C. Pén. « les tentatives de délits ne sont considérées comme » délits que dans les cas déterminés par une disposi-

» tion spéciale de la loi ». La loi de 1824 étant muette sur ce point, nous en concluons que la tentative n'est pas punissable.

La question a pourtant été soulevée à l'occasion de la découverte des objets devant servir à la perpétration du délit, tels que timbres, cachets, flacons, etc. Y a-t-il dans la confection de ces objets une tentative ? Nous pensons qu'il y a là tout simplement un acte préparatoire, qui échappe à toute répression.

Les solutions données en jurisprudence n'ont pas toujours été les mêmes. Ainsi, il a été décidé par la Cour de cassation, que la loi de 1824 comprend, dans sa généralité, le fait de fabriquer des cachets et étiquettes portant le nom d'un fabricant et destinés à être apposés sur des produits ne sortant pas de sa fabrique ; ce fait constitue non pas une tentative, mais un fait de complicité du délit d'apposition, sur des objets fabriqués, du nom d'un fabricant autre que celui qui en est l'auteur (1). Il a été d'autre part jugé par la même Cour de cassation que le seul fait de fabriquer des bouteilles sur lesquelles est le nom d'un fabricant, ne constitue aucune des infractions punies par la loi de 1824, celle-ci ne prévoyant que l'apposition sur des objets fabriqués d'un nom autre que celui du fabricant qui en est l'auteur (2).

Concluons qu'il y a là une question de fait dont la

(1) Cass. 3 juin 1846 et 29 novembre 1846, Bulle (*Journal du Palais*, 1847. 2. 670).

(2) Cass. 9 juillet 1859. Barbier (Dalloz 1852. 1. 269).

solution varie avec chaque espèce. Car, en réalité, la question est double. Ou bien on est en présence de celui qui va commettre le délit prévu par la loi de 1824; si le délit n'est pas perpétré, il n'y a encore là qu'une tentative, donc pas de répression. — Ou bien l'on se trouve en présence d'un imprimeur, d'un verrier, etc., qui, sciemment, a fabriqué des objets portant usurpation de nom et destinés à commettre le délit prévu et puni par la loi de 1824 ; on est en présence d'un complice, peut-être même d'un coauteur.

86. — **Jugement. — Pénalités.** — Si le délit est prouvé, le prévenu sera condamné ; la peine est celle de l'art 423 du C. pén. : un emprisonnement de trois mois et une amende qui ne pourra excéder le quart des restitutions, ni être inférieure à cinquante francs. Il est évident que l'art 463 du C. pén. est ici applicable et que, par conséquent, les juges pourront admettre l'existence de circonstances atténuantes pour abaisser la peine. Il s'agit, à la vérité, ici, d'une loi spéciale, mais le renvoi à l'art. 423 du C. pén. rend l'art. 463 applicable (1).

87. — L'art. 423 C. Pén. édicte au surplus la confiscation spéciale; le tribunal l'ordonnera donc.

M. Gastambide (n. 462) pense que cette confiscation ne doit s'entendre que des étiquettes, flacons, etc. et non des marchandises incriminées. C'est auss notre avis : en effet, la disposition de l'art. 423 C. Pén

(1) *Sic* Bédarride, n. 724.; Pouillet 445.

porte « les objets du délit » ; or les produits incriminés ne sont pas *objets du délit*. —

M. Pouillet (n. 447) est pourtant d'un avis opposé. « Ne serait-il pas illogique, dit-il, que les tribunaux » fussent autorisés à prononcer la confiscation des » produits revêtus d'une marque frauduleuse, et ne » pussent pas la prononcer lorsqu'il y a contrefaçon » non pas seulement de la marque emblématique, » mais, ce qui est assurément plus grave, du nom, de » la marque nominale ». C'est fort possible; mais la confiscation est une peine, et si la loi de 1857 l'édicte en cas de contrefaçon d'une marque, la loi de 1824 ne l'édicte pas en cas d'usurpation de nom. Or, en matière pénale, on ne raisonne pas par analogie.

88. — L'art. 14 de la loi du 23 juin 1857 dispose que les produits confisqués peuvent être attribués à l'auteur de la marque contrefaite. La loi de 1824 ne contient aucune disposition de cette nature, nous en concluons que les objets confisqués ne peuvent en aucun cas être attribués au plaignant (1).

---

(1) V. en sens contraire Bédarride, n. 728; Pouillet n. 448.

TITRE CINQUIÈME

Conditions des Étrangers en France

89. — L'étranger jouit-il en France de la protection de son nom commercial?

La condition de l'étranger en France, quant à l'exercice de ses droits privés, est régie en principe par le Code Civil, qui distingue les étrangers privilégiés (c'est-à-dire ceux qui ont obtenu du gouvernement français l'autorisation de fixer leur domicile en France conformément à l'art. 13 C. Civ.) et les étrangers ordinaires qui n'ont ni demandé, ni obtenu cette autorisation.

« L'étranger qui aura été autorisé par décret à fixer » son domicile en France y jouira de tous les droits » civils. » Tel est le texte de l'art. 13 C. Civ. En présence de ce texte, on conçoit que la propriété du nom commercial ne saurait être contestée aux étrangers de cette catégorie.

90. — La condition des étrangers ordinaires est déterminée par l'art. 11 C. Civ., qui dispose que « l'étran-
» ger jouira en France des mêmes droits civils que
» ceux qui sont ou seront accordés aux Français par
» les traités de la nation à laquelle cet étranger appar-
» tiendra ». On le sait, la loi exige la réciprocité diplomatique et non pas la réciprocité de fait.

Une controverse a été soulevée sur le sens de l'expression *droits civils* dans le texte de l'art. 11 C. Civ. En jurisprudence, cette controverse est aujourd'hui définitivement tranchée en ce sens que l'art. 11 C. Civ., qui s'occupe des droits privés, reproduit l'ancienne distinction de ces droits, en droits privés du *jus civile* et droits privés du *jus gentium*. Cette distinction, qui vient du droit romain (Inst. § 4, liv. I, tit. 1) avait été admise dans l'ancien droit; les auteurs du Code, vieux praticiens, ont reproduit cette distinction. De sorte que l'expression *droits civils* dans le texte de l'art. 11 signifie : *droits privés du jus civile* (1). — Restait à déterminer quels sont les droits privés du *jus civile* ; la discussion recommençait sur chacun des droits. Quoi qu'il en soit, à cet égard, par un arrêt célèbre du 12 juillet 1848 (S. 1848, 1,418), la Cour de Cassation, toutes chambres réunies, a décidé que le droit au nom commercial rentrait dans les droits privés du *jus civile*, et

(1) V. sur ce point Aubry et Rau, t. 1er, § 78, p. 288 et suiv.

doit, par conséquent, être refusé aux étrangers ordinaires, en l'absence de toute convention diplomatique stipulant la réciprocité avec le pays auquel ils appartiennent. La raison principale invoquée par la Cour de Cassation consiste à dire que la loi de 1824 n'a été faite que pour protéger l'industrie nationale. Depuis 1848, la Cour de Cassation a persisté dans sa jurisprudence (1).

91. — La loi du 23 juin 1857, sur les marques de fabrique, accorde aux étrangers le bénéfice de la protection, lorsqu'ils ont des établissements d'industrie ou de commerce en France, ou lorsqu'il y a réciprocité diplomatique (art. 5 et 6 de la loi du 23 juin 1857) ; or, aux termes de l'art. 1er de cette même loi, le nom sous une forme distinctive, est considéré comme une marque, il sera donc protégé, dans ce cas. On a admis que dans tous les autres cas, il ne sera protégé que s'il y a réciprocité diplomatique (2).

En conséquence, l'étranger, qu'il réside ou qu'il ne réside pas en France, auquel on ne reconnaît pas le droit au nom, ne peut ni invoquer la loi de 1824, ni l'art. 1382, C. Civ.

92. — Mais ce qu'il importe de remarquer, c'est que, si l'étranger n'a pas droit à la protection de son nom, l'usurpation ou l'altération de ce nom en France constitue incontestablement un délit aux termes de la loi de 1824 (3); ce délit peut donc motiver une plainte du

(1) V. 27 mai 1870 (S. 1870, 1. 351) et les renvois.
(2) V. Cas. Paris, 5 juin 1867 (S. 1868, 2,137) et la note.
(3) Sic Vidal-Naquet, *Marques de fabrique et nom commercial en*

consommateur français, et l'exercice de l'action publique par le ministère public. Il a été jugé qu'il y a lieu, en ce cas, de prononcer les peines édictées par la loi, sauf à rejeter la demande en dommages-intérêts formée par l'étranger qui se serait constitué partie civile (1).

93. — Ce que nous disons de l'étranger en général est vrai spécialement lorsqu'il s'agit de l'usurpation du nom d'une ville étrangère (2).

94. — Observons en passant que, malgré les décisions que nous venons de résumer, la jurisprudence a toujours admis que, lorsqu'il s'agit, non plus du nom commercial, mais du nom patronymique, l'étranger a le droit d'obtenir en France, protection contre toute atteinte (3).

95. — La loi du 26 novembre 1873 contient, dans son article 9, une disposition qui ratifie, en quelque sorte, les décisions admises jusque-là en jurisprudence. Ce texte est ainsi conçu : « Les dispositions des autres » lois en vigueur, touchant le *nom commercial*, les » marques, dessins, ou modèles de fabrique, seront » appliquées au profit des étrangers, si, dans leur » pays, la législation ou des traités internationaux

droit international, n° 78, p. 100 ; Pouillet, n° 455 ; Gastambide, p. 426 et 456.

(1) Trib. Comm. de la Seine, 28 juin 1853 (*Le Droit* du 30 juin).

(2) *Sic* Pouillet, n° 456 ; Bédarride, n° 791 ; *Adde* Vidal-Naquet *op. cit.* p. 103.

(3) V. Dijon, 13 juillet 1881 (S. 1884, 2.3); Paris, 28 janvier 1859, sous Cass. 7 janv. 1862 (S. 1862, 1.25).

» assurent aux Français les mêmes garanties. » Ce texte met la réciprocité législative sur le même pied que la réciprocité diplomatique.

96. — Observons que la Cour de Cassation décide que l'usurpation du *nom commercial* peut être poursuivie par un étranger appartenant à un pays avec lequel existe la réciprocité de garantie des *marques de fabrique*; il en est spécialement ainsi pour le traité franco-anglais du 23 janvier 1860 (1). Cette interprétation extensive des traités a été confirmée par la convention d'Union du 20 mars 1883, dont l'art. 3 est ainsi conçu : « Le nom commercial sera protégé dans tous » les pays de l'Union sans obligation de dépôt, qu'il » fasse ou non partie d'une marque de fabrique ou de » commerce. »

97. — Terminons par cette observation : la condition de l'étranger lui est en quelque sorte personnelle; nous dirons donc que si un Français devenait cessionnaire d'un nom commercial étranger, ce Français jouira de tous les droits que la loi confère à cet égard. C'est ce qui résulte implicitement de l'espèce de l'arrêt de la Cour de Cassation du 18 novembre 1876, affaire Hove, et c'est ce qui a été jugé par la Cour de Paris, le 11 décembre 1856, dans une affaire Farina (2). Cette décision est généralement approuvée (3).

(1) Cass., 18 novembre 1876 (S. 1878. 1. 89).
(2) Teulet et Camberlin, 6. 143.
(3) V. Pouillet, n. 458. — Comp. Vidal-Naquet, *op. cit.*, p. 101.

Par réciprocité on devrait décider que si un étranger venait à acquérir un nom commercial français, il serait toujours étranger, et ne serait protégé que comme tel. Mais, ainsi, que nous l'avons déjà dit, le délit prévu par la loi de 1824 existera dans tous les cas, et donnera ouverture à l'action du ministère public.

Vu :
Le Président de la Thèse,
BEAUREGARD.

Vu :
Le Doyen,
GARSONNET.

Vu et permis d'imprimé :
Le Vice-Recteur de l'Université de Paris
GRÉARD.

TABLE DES MATIÈRES

CONTENUES DANS CE VOLUME

TITRE PREMIER

NOTIONS PRÉLIMINAIRES

SECTION PREMIÈRE

Généralités.

SECTION DEUXIÈME

Historique.

SECTION TROISIÈME

Nature du droit au nom commercial.

TITRE DEUXIÈME

DIVERSES VARIÉTÉS DU NOM COMMERCIAL.

SECTION PREMIÈRE

Nom des personnes.

CHAPITRE PREMIER

NOM PATRONYMIQUE.

§ 1er. — *Usage de son propre nom.*

§ 2. — *Adjonction du nom de la femme.*

CHAPITRE V

NOM APPARTENANT A UNE RÉUNION D'INDIVIDUS

CHAPITRE VI

RAISON SOCIALE

SECTION DEUXIÈME

Dénominations et raisons commerciales.

SECTION TROISIÈME

Nom des produits.

CHAPITRE PREMIER

DÉNOMINATIONS DIVERSES

CHAPITRE II.

Noms des localités.

TITRE TROISIÈME

Cession du nom Commercial

CHAPITRE PREMIER

CESSION PURE ET SIMPLE

CHAPITRE DEUXIÈME

INTERDICTION DE SE RÉTABLIR

TITRE QUATRIÈME

Poursuite

CHAPITRE PREMIER

ACTION CIVILE

CHAPITRE DEUXIÈME

ACTION PUBLIQUE

TITRE CINQUIÈME

Condition des étrangers en France

Paris. — Imprimeries Cerf, 12, rue Sainte-Anne.

www.ingramcontent.com/pod-product-compliance
Ingram Content Group UK Ltd.
Pitfield, Milton Keynes, MK11 3LW, UK
UKHW012042240726
13965UKWH00003B/987